働いても働いても、貧しい時代——共産党を知れば、日本の問題点が見えてくる

民主党大勝のあとに——

国民8割の支持に支えられて、「構造改革」という名の新自由主義路線を突っ走った小泉内閣が去ったあと、日本は「貧富格差の拡大」どころか「絶対的貧困の蓄積」といった事態に直面することになりました。

本書に特別寄稿していただいた佐藤優さんもふれているように、年収200万以下の勤労者が1000万人以上に達し、「中流層の崩壊」が現実のものとなっています。

政治状況も一挙に流動化していき、2009年8月30日の総選挙では民主党が308議席へと躍進し、自民党は歴史的敗北を遂げて政権交代が起きました。戦後日本の政治ではかつてないことです。でも、〝貧者の味方〟として歴史的伝統を誇り、近年、「ワーキングプア」「派遣労働」問題を国会で取り上げて喝采を浴びた日本共産党は、改選前の9議席維持にとどまり相変わらずかなりの少数派のままです。

一方、社民党は7議席と共産党より少ない獲得議席ながら、いまや〝巨大獣〟のように衆議院に君臨するようになった民主党に対し、「連立を」と内閣入りをつよく要求しました。それに比べると、日本共産党は「建設的野党」という旗をかかげ、政権交代前と変わらず〝万年野党〟路線を突っ走っています。これは、どういうことなのでしょうか。

私（篠原常一郎）は30年前に日本共産党に入党し、2004年11月に党を除籍されて中央委員会職員の座から放逐《ほうちく》されるまでの共産党員時代の大部分を党専従職員として過ごしま

した。昔は「職業革命家」と党内で呼ばれた身分です。

党専従職員としての出発は、地区委員会勤務からでした。専従職員としては末端の人員です、そして、身分的には国家公務員ながら党中央委員会職員という党専従でもトップの部分に属する国会議員公設秘書までつとめました。こうしたさまざまな立場での「職業革命家」生活の中で、日本共産党の動きを内部から見つめてきたのです。

そして党を出た後、あらためて共産党員、党専従職員としての生活と思想を客観的に振り返ってみることで、多くのことがわかってきました。

ひとつは、共産党の思想の土台となるマルクス主義（日本共産党では科学的社会主義と呼びます）が、日本共産党のみならず長年にわたる日本の政治文化の中でひとつの土壌を提供してきたということです。「共産党が何を言っているか」は、その時々の政治家や政党の主張と対比することでそれぞれの主張の特徴を浮き上がらせることが出来ます。

もうひとつは、前者とも関係しますが、広く共産党以外にもマルクス主義的なものの考え方（マルクス主義経済学の研究においては、日本は世界で最も進んでいたし一般的に受け入れられていました）が広まっているのに、日本共産党の組織のあり方が、国民の間に「全面的には任せられない」という不安を持たせているということです。共産党員の人にこんなことを言うと怒り出すかもしれませんが、戦後史を冷静に振り返るだけでも国民の共産党に対する感覚は、概ね正しいものだった思います。

ぜひ普通の人に知ってもらいたい

しかし、なかなか学ばないんですよ、共産党は国民からがまだまだ自分たちを国民全体より一歩、認識が進んだ〝前衛〟だと考えているからです。この意味は、本書を読んでいただければわかっていただけるのではないでしょうか。

（笑）。このことについては本文でも取り上げますが、共産党

私は、特に国会議員秘書になってから、日本共産党のあり方について「このままじゃ、イカンなあ」と痛感することが

多くなっていきました。しかし、党内からこうした欠陥を直すことは容易ではありませんでした。はっきり言って、外科手術が必要です。国民の手によってです。

私は、本書をぜひ、ごく普通の方々に読んでいただきたいと願っています。書いてあることには、ビックリすることもあるかもしれません。「共産党って、こんなだったんだ！」と納得することもあるでしょう。

でも、この本を読んでいただくと、きっと日本共産党や共産主義のことについてだけではなく、日本の政治の底流といったものにも触れていただくことが出来ると思います。

とかく日本人は自国の状況をけなし、嘆くことが多いように思います。しかし、政治の面ではいい文化が育ってきつつあるのではないでしょうか。この国には、特定政党や勢力による〝独裁〟なんて向いていないし、根付きません。

さまざまな意見や国民階層を代表する大小の政治勢力が、真剣に国の状況を見つめ議論していくことこそ、最も日本の政治のあり方にふさわしいと思います。政権交代のドラマを私たちは目撃しているわけですが、民主党にはもちろん国民の付託《ふたく》に応えて頑張る責務がありますし、自民党だってより健全な野党として議論をたたかわせ、多数派政治の行き過ぎにブレーキをかける役割が期待されます。そして、他の政党、特に共産党も日本の政治には必要な存在となるべきなんです。

日本の政治と経済が健全な方向に進むためにも、多くの国民の信頼を受けて共産党ががんばってほしいと思います。そういう共産党へ国民が育てていってほしいという願いを込めて、かつて共に国会で働かせていただいた元大幹部のひとり、筆坂秀世さんと相談しながら書いたのが本書です。

そんなわけで、ぜひ、共産党員もけっこうですが、共産党が大嫌いな人にも本書を読んでいただきたいのです。たくさん批判のネタが見つかること、うけあいです（笑）。

でも、根拠ある批判と論争こそ、健全な民主主義をつくりだすものと確信しています。

2009年9月　篠原常一郎

いますぐ読みたい日本共産党の謎

第1章　ついに語られる、ワープア時代と共産党の…ホント

はっきり聞くけど、ホントにビンボー人の味方なの？

第2章 疑問に答える、共産主義と日本共産党…のホント

はっきり聞くけど、日本という国をどうしたいの？

第3章……あえて明かす、共産党の歴史と逸話…のホント

はっきり聞くけど、宣伝通りにリッパな政党なの？

■staff

企画構成　成田智志（ノーティ）

造本デザイン　中田薫（EXIT）

カバーイラスト　東陽片岡

■photo

EPA＝時事（p17）
RIA Novosti/PANA（p84、p115、p145）
時事（p161、p163、p213）
AFP＝時事（p167）
加藤健二郎（p185）
有田ハンタ（p233、p234、p237）

1

ついに語られる、ワープア時代と共産党の…ホント

はっきり聞くけど、ホントにビンボー人の味方なの？

はっきり聞くけど、ホントにビンボー人の味方なの？

共産党の謎01

はたしてワーキングプア・非正規労働者にとって共産党は“希望の星”なんでしょうか？

意外かもしれませんが、これまで共産党は日雇いやフリーターを大事にしてきませんでした。

派遣労働者は「消耗品のように使い捨てられている」と、ワーキングプアの問題を鋭く追求する**志位和夫さん**※1の国会質問の様子がネットで公開され、**若い人から大きな注目を浴びました**※2。

共産党が若者の間で話題になるなんて、ひさびさのことではないでしょうか。

志位さんがあの調子で突き進んでいってくれる限り、日本共産党はワーキングプアや非正規労働者たちの真の味方という感じですね。

でも、長年にわたり共産党員、それも党

※1 **志位和夫さん**
1954年生まれ。現在の日本共産党のトップである中央委員会幹部会委員長を務める。東大在学中に入党後、35歳という若さで党の中央委員書記局長に抜擢され注目を浴びる。2000年、中央委員会幹部会委員長に就任。

職員の立場で年月を重ね、勉強もしてきた私には少し疑問なのです。

実は共産主義運動は組織労働者や正規雇用労働者、**つまり正社員の労働者の活動を重視し、どちらかというと日雇いやフリーターのような非正規雇用で働く者を軽視する傾向**が歴史的にあるからです。この正社員の役割を重く見る傾向は、共産主義運動の創始者カール・マルクス（1818〜1883）が資本主義を変革する主体となる労働者について、次のような規定をしたため生まれたといわれています。

＊　＊　＊　＊

――資本家が生産手段を独占するため、身の回りの物以外何も持たない労働者は、今日も明日もあさっても、自らの労働力を切り売りする以外、生活手段がない。しかし、工業の発展にともなって労働はますます組織化され、労働者は大きな「産業軍」として育っていくようになるだろう。そして、労働者は自らの利益を守るために職業上に得た労働規律の習慣を力にして労働組合のような共同組織をつくり、給与引き上げや待遇改善を求める経済闘争を資本家に挑むようになる――。

＊　＊　＊　＊

これが、マルクスが唱えた資本主義社会における**階級闘争**※3の主要な内容で、つ

※2 **若い人から大きな注目を浴びました**
派遣労働法の不備を国会で問いただした、いわゆる「志位質問」については、本書39ページからの「徹底検証！　志位さんの国会質問は、なぜワーキングプアの心を捉えたのか――？」で詳しく解説しています。

※3 **階級闘争**
資本家階級と労働者階級の間で起きる闘争のことです。マルクスと彼の僚友のエンゲルスは「すべての社会の歴史は階級闘争の歴史である」と断言しました。

まりは組合を組織した労働者が悪い資本家を倒す主力となるという考え方です。

しかし一方では、職場で組合を組織できるような、まだ恵まれた立場の人たちだけでなく、極めて不安定な立場で補助的労働や不定期に発生する労働需要を満たすために働く層が存在します。こうした層の労働者は収入は低く不安定で、時には住居すらない場合もあります。

ルンペン労働者は信用できない!?

ところが、こういった気の毒な労働者に対して、マルクス以後の共産主義理論家・指導者は、「彼らは当面の狭い利益、明日の糧を得るというだけのために資本家や**反動層**※4に買収され、労働者階級全体を裏切る」として「信用を置くな」と唱え、彼らのことを**「ルンペン・プロレタリアート」**※5と呼びました。

この差別的なルンペン・プロレタリアートに対するマルクスの見方は、労働者による資本家や時の政府に対する抗議が武力衝突にまで発展した19世紀半ばのヨーロッパ各国での騒乱の経験に基づくものです。したがって、ごく限られた条件下での規定といえますが、共産主義イデオロギーの根幹には「人の思想や行動形態はその人と所属

※4 **反動層**
歴史の進歩を妨げる政治家や地主のような封建身分のことを指します。

※5 **ルンペン・プロレタリアート**
ルンペンはボロ切れを意味するドイツ語のLumpenに由来し、浮浪者や物乞い、極貧の人を意味する蔑称です。そもそもルンペンという言葉じたいが意識が低く革命の意志を持たない最下層の労働者階級をルンペンプロレタリアート（Lumpen-proletariat）と呼んだことから、広まった言葉なのです。

する階級の経済的状態に照応する」という教義があります。

あまりに不安定な身分であるため、**ルンペン・プロレタリアートは自分自身の当面の利益を図ることのみに振り回され、労働者全体の利益のために行動する基盤をもたない**とするのが共産主義的な考え方なのです。この考え方は、私も共産党職員になった後に合宿などの形で受講した「党幹部学校」など党の上級幹部たちからみっちり教わりました。

ですから、日本共産党の末端の組織である**地区委員会**※6では、非正規雇用労働者を共産党のシンパや党員に獲得していくことには熱心ではありませんでした。まあ、ほとんどの地区委員会は、労働組合のある職場の党支部などからカンパや党費を吸い上げることや『**赤旗**』※7を拡大することくらいしかやっていませんでしたが。

ホンネは正社員を相手にするほうが楽…

私はかつて東京の池袋を含む地区を担当する党専従でしたが、かつて非正規雇用労働者にもアプローチしようと考えたことがあります。理由は党員の高齢化対策でした。80年代後半のことでしたが、当時すでに共産党員の高齢化が深刻な問題となっていて、

※6 **地区委員会**
共産党の規約で中間機関と位置づけられる組織の中では最も下級の地域組織です。ここに党専従の職員が配置され、『赤旗』の配達や集金のセンター的な役割を担うと同時に、さらに下位の〝党の基礎組織〟である「支部」や地方議員団の指導も受け持っています。財政的には最も不安定で、職員の多くが低給与や遅配・欠配に苦しんでいます。

※7 **赤旗**
日本共産党の機関紙。政党機関紙としては圧倒的な部数を誇る日刊紙で、他に日曜版もあります。97年に『しんぶん赤旗』に改題しました。

青年の共産党シンパや党員を獲得することが焦眉《しょうび》の課題だったのです。

池袋で青年といえば、周辺の大学に通う学生か当時はまだたくさんあった喫茶店や小さな定食屋などの従業員くらいでした。そこで、これらの人を職場がバラバラでも加盟できる一般労組を作り上げ、しかるのちに党のまわり——共産党の下部組織である**民青**※8などですね——に集めようといったことが話し合われたことがあります。しかし、**結局この方針はいつのまにか投げ捨てられてしまいました。**

その頃、私の上司にあたる党専従がもらした言い訳がふるってました。

「ちゃんとした正規雇用の職場にすら労働組合や党支部のないところが多いのだから、そちらをなんとかする方が先決だ」

結局、非正規雇用労働者を軽視するんだ、ということの独白ですね。これは、既存の組織にのっかったほうが楽に〝指導〟できるということの裏返しで、職場も待遇もバラバラな非正規雇用労働者を党が指導するなんて、**一から面倒みるようなやっかいなことはしたくもないし、そんな力量もない**ということでもあるんです。

一部では、日雇いの公園清掃労働者（かつての失業対策事業です）を組織して労働運動の構築に成功したこともあるんですが、

※8 **民青**
15歳から25歳の日本国民で構成された、日本共産党系の団体「日本民主青年同盟」の略称です（「民青同盟」とも呼ばれます）。共産党と連携しながら平和運動やボランティア活動などをおこなっています。かつての学生運動の担い手の一角でした。

東京近郊のネットカフェ。ここで寝泊まりする長期滞在者の所持品が廊下に並ぶ。

これを大きく広げることは共産党にはできませんでした。

彼らのために闘ったのは新左翼だった

その点でみると、私たち日本共産党の側がバカにし、ある意味でどの勢力に対してよりも毛嫌いしていた**新左翼運動**※9（日本共産党は、「ニセ『左翼』暴力集団」なんて呼び方をしていました）の人たちは、日雇い労働者や「野宿者」と自分たちを呼ぶホームレスの方々の組織化に熱心でしたね。アルバイト、パート労働者や外国人労働者の問題を積極的に取り上げる「〜ユニ

※9 **新左翼運動**
60年代に既存の左翼団体（共産党や旧社会党など）の運動は手ぬるいとして、急進的な（過激な）活動で社会改革を目指し、直接行動も辞さない団体が現れ、総称して「新左翼」と呼ばれました。

オン」のような名称の労働組合の中心には、かつて新左翼運動に取り組んだり傾倒したりしていた方がいるように思います。

こうした労組は、非力な非正規雇用労働者が不利な待遇を受けると、**何はともあれその企業に押しかけ、抗議し団交するというスピーディーな対応**をしています。切実な要求に忠実で、〝即行動〟なんですね。

その点、官僚主義的傾向のある日本共産党系の労組は、全部じゃありませんが動きが悪いところが多い。

これは私が国会秘書の時に見聞きした話なのですが、誰もが知っている有名居酒屋チェーンで非正規雇用の労働者たちが組合をつくり、未払いだった残業代を要求して闘い、たしか十数億円も獲得したことがありました。この問題は共産党が国会質問でも取り上げ、共産党系労組も〝闘争支援〟を行ったのです。

しかし、後が悪かった。〝闘争支援〟した共産党系労組は居酒屋チェーンの労組の上部団体として、**企業側と和解して獲得した十数億円の解決金の大半を〝上納しろ〟と迫り**、紛争になってしまいました。職場で身を削って働きながら懸命に闘って、やっともらうべき残業代を勝ち取った青年労働者たちは、悔し涙を流して怒りをあらわにしていました。

注10 **ダラ幹**
腐敗した労組幹部のことを指す隠語です。「堕落した幹部」の略語と思われます。かつては経営者側とナアナアの関係になり、闘うふりだけの組合幹部を若い組合員が「ダラ幹」と呼んで突き上げたものでした。

〝上納〟を要求した組合幹部たちの言い分は、「自分たちが支援して全国的な闘いに発展させ、勝ち取った成果だから当然」というものでしたが、共産党員でもあるこの幹部たちの姿は、私にはまるで上納金を要求する暴力団上部団体の幹部と同じに感じられました。

結局、話し合いで解決したようですが、心から納得しなかった青年労働者たちは、日本共産党や共産党系労組からは距離を置くようになってしまいました。

高給を取り、グリーン車で通勤する共産党系労組幹部

そしてあるとき、私はこうした共産党系労組の幹部役員たちが**大企業の管理職以上の高給を取っていたり、なかには湘南の自然豊かな場所に立派な居宅をかまえ**、「自分は国会議員なみの幹部だから」とばかりにグリーン車を常用して通勤する幹部さえいるほど堕落していることを知りました。同僚の秘書仲間と「まったく、**ダラ幹**※10とは、あいつらのことだな」と陰口を叩いて憂さを晴らしたものです。

新左翼の人たちが「**日共**※11や日共系労組の連中は**スターリニスト**※12だ」と言うのも、こうした実態からみれば、むべなるかな、ですね。

※11 **日共**
「日本共産党」の略称です。自由民主党が「自民」と略して自称するのとは違い、日本共産党が自らを「日共」と略することはまずありません。どちらかというと日本共産党に批判的な組織や人が揶揄して呼ぶ際に使われる略称です。

※12 **スターリニスト**
旧ソ連（現在のロシア）の独裁者だったスターリンに象徴されるソ連型官僚主義・権力主義者という意味で使われます。ソ連には「赤い貴族」と呼ばれた、豪勢な生活を楽しむ共産党幹部が大勢いました。

共産党の謎
02

諸悪の根源——『労働者派遣法』が改悪されたときって、共産党は反対してくれたんですよね？

確かに反対したのは共産党だけといえます。しかし党の最高幹部は関心がないかのようでした。

労働者派遣法※1の**大きな改正が99年**※2に始まり、以後、翌年までに問題点をえぐり出して反対を貫いたのは、日本共産党の国会議員団だけだったのは事実です。

本来、共産党と並ぶ「労働者の党」であるはずの社民党も、あまり切れ味のいい国会論戦はせず、**労働組合の連合の支援を受けている民主党もまったく問題にした形跡がありません。**

しかし、国会議員の秘書として2000年頃から厚生労働関係の分野も担当してい

※1 **労働者派遣法**
人材派遣法などとも呼ばれる、86年に施行された派遣労働について定めた法律です。施行の当初は技能労働者を中心に13業務だけが派遣対象の業務として認められていました。

※2 **大きな改正が99年**
労働者派遣法は規制緩和の流れを受け、徐々に派遣できる対象業務を広げていきます。そして99年には製造業等の一部を除いた、あらゆる業種への派遣が原則解禁となりました（04年には製造業への派遣も解禁）。

た私の見方では、この問題は何も〝共産党だから反対〟したというものではなかったと思います。

私はこの分野には特別の専門知識を持ちませんでしたが、幸いなことに厚生労働分野を担当したベテランを先頭にした国会秘書や党本部の政策委員メンバーにきわめて洞察力のある優秀な人たちが揃っていました。

そのため法改正による派遣の規制緩和がどのような辛《つら》い事態を労働市場もたらすか、具体的なイメージをもって描き出すことができたため、共産党は国会で堂々と反対論を唱えることができたのです。

共産党系の労組も問題意識が薄かった

しかし、労働者派遣法改正の法案審査を担当した秘書や党本部政策担当者、国会常任委員会で担当して法改正の問題点について質問した国会議員と、共産党の最高幹部や**国会議員団の指導部**※3との間では、だいぶ温度差を感じましたね。率直に言って、国民全体、特に若い世代の雇用条件を劇的に悪化させるという見通しについて、最高幹部たちは真剣に考えていませんでした。

この温度差の背景には、当時、**共産党系の労働組合**※4は非正規雇用労働問題に取

※3 **国会議員団の指導部**
国会対策委員会の委員長であるとか、事務局長など。

※4 **共産党系の労働組合**
全労連加盟のグループ。

り組んだり、積極的に非正規で働く労働者を組合に加入させて、組織化しようという考えをあまり持っていなかったということが影響しているかもしれません。

　国会で重要法案がかかる際には、担当する議員と秘書は利害関係団体、特に**共産党が親しくかかわりを持っている団体**※5と懇談やヒヤリングを行い、態度決定や論戦の参考にします。私の印象では、先に述べたように**非正規雇用労働者を共産党系の労働組合があまり抱えていない**ことから、一部を除き派遣労働の適用範囲の拡大を意味する〝規制緩和〟に深い関心が持たれていないようでした。

理論研究と執筆ばかりに熱心だった不破哲三さん

　もちろん正規雇用が非正規雇用に置き換えが進むことで、正社員のリストラ・首切りが進むという点では、どの組合も労働者派遣法の改正には反対でした。ただ、置き換えられた後に職場で働く派遣労働者たちが、インターネットカフェに寝泊まりしながら出勤してくるといった、今日知られる悲惨な実態になるとは、あまり明確に認識されてはいませんでした。

　あくまでも**正規雇用の正社員の職を守るほうにだけ目線が向いていた**のです。

※5 **共産党が親しくかかわりを持っている団体**
厚生労働問題なら、全労連以下の共産党系労組や日本民主医療機関連合（民医連）などとなります。

※6 **不破哲三さん**
1930年生まれ。日本

また、共産党でも派遣労働がどのような形になっていくかを含め、労働市場の規制緩和に党の最高幹部たちはあまり関心を払っている様子はありませんでした。**不破哲三さん**※6なんかは、90年代後半以降は特別委員会などでの質疑もせず、もっぱら「レーニンはこうだ」「マルクスはこうだ」といった**前世紀以来の共産主義指導者の研究に熱中し、まるで日本の現状に関心がないかのよう**でした。党本部職員や国会秘書、さらには国会議員まで集めて「資本論講座」などと称した定期講演会を開催し、後でその内容を本にまとめることばかりに熱心だったのが、不破さんです。

国会議員として国民から歳費をもらっているのに、おかしな話です。

派遣なんて取り上げたら党の格が下がる

その他の上級幹部にしても、「個別の経済問題なぞ、予算委員会で取り上げるようなことではない」「外交や防衛、大きな金権スキャンダルなど国の根幹にかかわる問題を取り上げるのでなければ、党の顔としての幹部の格を下げる」などと言っていました。結局、派遣労働に関する規制緩和には無関心そのものでした。

ちなみに共産党の**支部**※7の人たちや地

※6
共産党の前の中央委員会議長です。実は不破哲三という名前はペンネームで本名は上田健二郎。69年に衆院議員に初当選した後は共産党のプリンスとして党のエリートコースを歩んできました。06年に議長を辞任しましたが、今も党内に大きな影響力を持っています。

※7 **支部**
共産党員の党生活の基盤とされる最も基礎の組織で、かつては「細胞」と呼ばれていました。地域や職場、学園などで3人以上の党員により構成され、支部長を決めます。党費や『赤旗』の配達・集金、購読者の開拓、カンパなどを集めるのも支部が中心です。

区委員会の専従から見ると、かつて私がそうであった国会議員の公設秘書も「党幹部」ということになるようです。しかし、こうした「幹部層」にも上と下では大きく温度差があるんです。やはり、具体的な生活現場や問題に直面しているマジメな秘書や党職員は、上級幹部たちの煮え切らない態度にイライラしていたものです。

こうした最高幹部たちの態度の裏には、「どうせ非正規雇用労働者なんて労働運動や階級闘争の主力部隊ではないから」という**共産主義者の伝統的な感覚**※8があったのだと思います。そして、まさかここまで派遣労働が一般化し、貧困、ワーキングプアといった実態が広がるとは想像もできなかったのでしょう。

一時の人気とりに終わった志位さんの質問

その後、「派遣切り」や「偽装請負」などが深刻な社会問題として浮上し、情勢が大きく変化していきました。その結果として08年には、党首である**志位さん自らが**※9テレビ放映される衆議院予算委員会のトップバッターとして、派遣労働の問題を取り上げるに至ったのです。

しかし、本当に現場の痛みに心を寄せて派遣・非正規雇用労働者のためにこれから

※8 **共産主義者の伝統的な感覚**
この「非正規雇用労働者なんて労働運動や階級闘争の主力部隊ではない」という共産党の見方については、ひとつ前の「共産党の謎01 はたしてワーキングプア・非正規労働者にとって共産党は〝希望の星〟なんでしょうか？」の「ルンペン・プロレタリアート」のあたりをご覧下さい。

もがんばれるのか。

真摯《しんし》に生活と労働環境の改善のため、政治家として信念を持ってやれるのか——ここが問われるところです。

志位さんの質問は、見事なものだったと思います。しかし、国会の質問で**大事なことは、いい答弁を取った場合、その後の経過で政府の施策にどう生かされたかもフォローしていくこと**です。国民のための成果として、そこを固めることが肝心なんですね。そうしたことが、きちんとやられた形跡は、党の機関誌である『赤旗』などを見る限り、残念ながら発見できません。これでは、一時の人気取りのための質問、と言われても仕方ないでしょう。

結局、仕事として質問をこなし、自分の政治家としての信念として確固として問題をつかんで離さず、という姿勢がないのです。こういう国会議員は、かつて共産党に何人もいましたけれども最近は全く見当たりません。

別のところでも触れますが、**共産党議員は議員や幹部になる過程で〝脱信念化〟が求められ、一種の腑抜《ふぬ》け人間にならざるをえない**からです。もちろん、腑抜けであってほしくないですけれど。

※9 志位さん自らが
党首である志位和夫が派遣労働法の不備を問いただした、いわゆる「志位質問」については、本書39ページから詳しく解説しています。

共産党の謎 03

失業して生活苦なのですが、共産党に入るとナニカイイコトありますか？

共産党には親身になって相談に乗ってくれる地方議員がたくさんいますよ。

そうですねえ……（笑）。私も**党の地区委員会**※1の職員だった当時は兼任で「なんでも無料生活相談所」を担当していました。

月に一度は弁護士さんにボランティアで協力してもらい、失業や生活苦などの相談に乗る活動です。

こうした生活に苦しむ方を助ける活動は、国会議員秘書になってからも続けていましたよ。

時には弁護士さんや労働組合から「なんとかならないか」と、困ったケースを持ち

※1 **党の地区委員会**
「地区委員会」については本書15ページ下欄の注記を参照下さい。

込まれたりして。

共産党を辞めさせられ、今ではきびしい批判をしている私が言うのもおかしいかもしれませんが、共産党の良いところは親身に相談に乗ってくれる人が多いことです。特に市町村議会の議員さんなんかは、住民からいつも「よろず相談」を受けていますから解決のノウハウを身につけていることが多く、頼りになります。

失業で困っている人に、**知り合いや党支持者に協力依頼して就職の世話したり、結婚相手のいない人にはお見合いを斡旋したり**と、東奔西走している議員さんが多いのです。

生活苦で困ったなら共産党の地方議員に相談を

ただ残念なことに、どうも最近の若い地方議員さんは、不破さんや志位さんに傾倒して本ばかり読んでいる頭デッカチの**フワシイスト**※2が増えているようで、はっきり言って役立たずもいます。

でも、ベテランを含め圧倒的多数の共産党地方議員、だいたい**全国で3000人以上いる**これらの人たちは無私で人助けにがんばっていると思っていただいて間違いありません。

そう、失業して生活苦でお困りなら、ま

※2 **フワシイスト**
ファシストと「不破」「志位」をもじった冗談ですが、ベテラン秘書の間ではこう言って、理論ばかりで実行力に乏しい党員を茶化してました。

ず共産党の地方議員さんに連絡を取って、相談してみることですよ。だいたい共産党に入党する人は、地方議員さんにお世話になった恩を感じて、というきっかけの人が多いのです。それで相談に乗ってもらって、「この議員さんは、自分や人のために役に立ってくれる人だ」と真剣に思ったら、共産党に入って活動をお手伝いするのがいいですよ。

　以上の答えでは、質問に逆方向から答えているみたいですね。要するに身近な共産党地方議員が役に立つ人だったら、共産党に入る価値があるみたいな……。

　でも、**はっきり言って、共産党の党員になって世間的に得をすることなど何もありません。**共産党員とわかる人をあえて採用するような会社は、それこそ**共産党系の企業**※3くらいしかないし、首切り・リストラで攻撃対象になるのは共産党員と思われる労働者からです。

　私が入党した頃も、共産党に入るということは世間でいうところの出世とか、良い職を得て余裕と安定のある生活を実現するといった個人的な欲望をあきらめる決意が求められました。党が担う万人の幸せを実現する社会変革の事業に、自分の将来を捧げるということです。

　そこには、何か〝現世御利益〟のような

※3 **共産党系の企業**
共産党が出資したり、経営陣を任命したりして設立した企業のこと。『赤旗』やチラシ、ポスターを印刷する印刷会社、これらを配送する運送会社、宣伝カー用スピーカーの音響システムの会社、党幹部等の著書を出版する出版社、はては党員の素行を調査する探偵会社まである。党の施設や重要な共産党系企業の建物を守る警備会社も共産党は設立している。

ものを自分自身のために求めるような動機は入る余地がありませんでした。

生活保護を受けられないホームレスを救済

でも、先にあげたようなまじめな地方議員さんを中心に、心の通う人間関係が党員や支持者の間でできているところでは、仲間が困っていると本当によく助け合います（もちろん、そうでないところもあります。党員同士が深刻な対立状態になって、党支部や地区委員会では仲裁もできず、いまや党外者の私が相談に乗っているケースまであります）。「おカネはなくても、私にはこの議員さんと知り合え、いっしょに活動できるようになったのが人生の宝だね」とお年寄り党員がしみじみと語るのを聞いて、胸を熱くしたことがありますよ。

今も現職の市議会議員さんなので、私とのかかわりで迷惑をかけたくないので名は伏せますが、ある地方にとても尊敬されている女性議員がいます。その人は、公園や川原で暮らすホームレスの人たちに心を痛め、ひとりひとりに声をかけて相談に乗っていました。

そして、この人が全国で初めてだったと思うのですが、公園の住所で住民票を市役所に作らせて、ホームレスの人に生活保護の申請をしてもらい、これを次々に認可させたのです。

なぜなら生活保護は市町村が窓口で審査し、支給するのですが、住民票を持っていないと生活保護の申請ができないんですね。

その成果に与党も文句を言わなくなり

与党の議員なんかからは「市民でない者にM議員（この女性議員）は血税をばら撒いている」と非難轟々《ひなんごうごう》だったんですけど、結局、生活保護を取ったホームレスの人たちは皆さん立ち直って、市が斡旋《あっせん》したアパートで暮らし始め、働きだしたのです。

そんな社会復帰を果たした人が何十人にも達すると、誰も文句を言わなくなりました。

M議員を支える党員や支持者には、ホームレス出身の人がいっぱいいます。この人たちは、M議員といっしょに定期的に公園や川原をまわり、ホームレス救援活動をしています。08年の暮れに話題になった**年越し派遣村**※4なんかより、何年も先立つ話ですよ。

もっとも、こんな美談には、党の最高幹部たちは全く無関心でしたが。上と下の落差が激しいのも、共産党の特徴です。残念なことです。

※4 **年越し派遣村**
アメリカ発の金融恐慌で食と住居を失った人たちを支援するため立ち上げられた。08年12月31日から翌年の1月5日までの期間、都心の日比谷公園に救援施設を開設。年越し派遣村の行動は広く関心を集め、炊き出しや生活保護受給と生活場所確保の活動をおこなった。

共産党の謎 04

とーぜん、共産党はグローバリズムには大反対ですよね？

実は共産主義そのものが本質的に〝グローバリズム〟なので、説明が難しいですね。

アメリカがまるで正義のように唱える**グローバリズム**※1やアメリカ主導の世界秩序の構築に反対していますから、共産党はアンチ・グローバリズムの政党といえるでしょう。しかし、共産主義そのものが、本質的に〝グローバリズム〟の思想でもあるのです。

この本が、「共産党」をテーマにしながら決して「日本共産党」だけをあつかわないのは、ときに共産主義の根本に立ち返った解説をしたかったからです。

たとえば共産党というものは理想社会と

※1 **グローバリズム**
直訳すると「地球主義」。通信や交通の発達で国境を超えて情報や物質が行き交う時代になったことで、主に経済の観点から、国や地域の単位ではなく、世界を一つの単位としてとらえる考え方です。国家間・地域間の対立は無くなりますが、強い者が世界を支配したり、地域の特徴が失われるとして、賛否がわかれています。

しての「共産主義社会」をめざすという世界共通の目標がありますが、**実際には、各国の共産党が唱える主張はそれぞれの国が置かれた状況・条件でかなり違ったものになっています。**この考え方の違いが原因で、かつて**共産党政権の国同士が戦争**※2をしたほどです。

共産主義国同士の戦争は極端な事例ですけれど、かつての共産主義運動は〝革命運動〟でしたから世界各地で「共産主義社会」への道筋をすすめるために、相当に無茶というか過激な取り組みをしました。そのやり方は国や民族によっていろいろと違いがあるのですが、資本家階級と、資本家階級に同調する封建的な階級が支配している**生産手段を「社会的所有」に移すことを第一の目的としているところは、どこの国の共産主義者も同じ**です。

資本主義では不景気や失業がかならず生まれる

ではなぜ、共産主義は資本家から**私有の生産手段**※3を奪い取り、公有化しようとするのか？　それは生産手段が大企業や大富豪に所有されていると、社会の必要に応じるよりも利潤追求を第一に運営されるため、生産が拡大してもその富は弱者に届かず、貧富の格差や失業、さらには**恐慌**※4

※2 **共産党政権の国同士が戦争**
60年代には旧ソ連（現在のロシア）と中国が互いを激しく非難し合い、衝突しています。また中国はベトナムに戦争を仕掛け（中越紛争）、ベトナムは毛沢東主義を掲げたポルポト政権下のカンボジアに武力で侵攻しました。

※3 **私有の生産手段**
簡単に言えば、民間企業の工場や鉄道、デパートなどの大型商業施設などです。

※4 **恐慌**
不景気で経済システムが

を引き起こすと見ているからです。

共産主義の教義では、これを「資本主義の基本矛盾」と呼んでいます。

社会的所有とは、企業や個人が所有するのではなく労働者の利益を代表する国家か、労働者の集団管理体制（生産組合など）が生産手段を所有するということです。これにより、生産活動が**企業の利益**※5のためではなく、社会全体の必要に応じて計画的に運営され、労働者に働く場とその成果をもれることなく、適切に提供することをめざすのです。

これが、**社会主義経済**※6の基本です。

つまりは**企業や富豪の利益第一主義が生み出す貧富の格差、失業や不景気を、国や労働者が上手く管理することで解決**しようというのが、マルクス以来の共産主義者の〝処方箋《しょほうせん》〟なんですね。

もちろん、工場のような製造現場だけでなく、農業生産の場であり手段でもある土地の共有化も共産主義の国では進められます。旧ソ連のコルホーズとか、中国にかつてあった人民公社などの共同所有・共同経営型の農場がその典型ですね。

まず社会主義を実現してから共産主義に

そして共産党はこの社会主義経済システ

大きく麻痺してしまい、生産活動をはじめとする社会全体が一定期間にわたり停滞する現象です。1929年の大恐慌が有名ですが、バブル崩壊に端を発する「失われた10年」も影響の深刻さから恐慌の一種といえます。

※5 **企業の利益**
その源泉は、資本の利潤さらには剰余価値というものです。

※6 **社会主義経済**
「計画経済」ともいいます。

ムを、まず労働者階級が中心となった政府を革命で打ち立てることによって建設し、やがて生産力が発展する中で共産主義社会に移行すると規定しているのです。最初から**一気に共産主義社会を目指さない**※7のです。

これはどういうことかといいますと、まずは社会主義経済の体制を政治システムと共に作り上げることで、失業のない「各人が能力に応じて働き、労働に応じて（成果を）受け取る」社会を築き上げることを目指します。社会主義経済が完成したら、次はこれを発展させて、「各人が能力に応じて働き、**必要に応じて受け取る**※8」共産主義社会を実現するという理屈なのです。

各人が能力に応じて働き、収入を得る社会主義社会の段階では、まだ人には能力に応じて格差がありますが、共産主義社会が実現した段階では、必要に応じて——つまり好きなだけ——受け取れるというのですから、貧困も差別もない幸せな理想社会だというのですよ。

繰り返しになりますが、世界各国は歩んできた歴史の違い、地形的・気候的・資源的な条件の違いで政治経済システムはさまざまな状況にあります。工業的な発達水準や産業の構造も違いますよね。各国の共産党は、こういった自国の事情に応じて独自

※7 **一気に共産主義社会を目指さない**
社会主義や共産主義を達成するためには、その足がかりとなる前段階（資本主義など）が必要だとする考え方を「二段階革命論」と呼びます。封建主義→資本主義→社会主義→共産主義と社会は前進していくという見方です。

※8 **必要に応じて受け取る**
つまり、食事でいえば〝食べ放題〟というところですね。満腹になるまで食べていいよっていうことです。

の発展プランを作り、それを党員や国民に示すのですが、**めざすところは〝社会主義から共産主義へ〟という理想社会への前進で共通しています。**

最終的には共産主義社会という、本質的に等質な平等社会をめざすものなので、共産主義はグローバリズムの一種でもあるのです。

万国の労働者、団結せよ！——国際的な運動だった

「資本主義経済は、国境を超えてますます生産活動を結びつけ、同時に労働者をも結びつける」——こういう趣旨のことを共産主義思想の産みの親であるマルクスやその僚友のフリードリヒ・エンゲルス（1820〜1895）はたびたび述べています。

資本主義の経済は一国の範囲にとどまらず、国境や海を超えて世界各地の生産活動を結合させていくという意味で、これは、19世紀以来の共産主義者の見方でした。**今日までの状況をだいたい言い当てているといえる**でしょう。

同時に、資本家の支配（およびこれを象徴する国家による支配）に対抗する労働者の闘いも、国境を超えて発展し団結も広がるとしています。これについて「労働者階

級には国境がない」という言葉も生み出されました。

マルクスやエンゲルスが自分たちの共産主義思想を広める場として、発展に尽くした国際労働者協会（インターナショナル）では、「万国の労働者、団結せよ！」というスローガンを掲げ、それを象徴する**闘争歌「インターナショナル」**※9も作られました。そう、マルクスらの共産主義運動は、最初から「革命のグローバル化」を訴えたのですよ。

ですから、革命運動はしきりに国境を超えて発展の場を求めるものとなりましたし、**時にはそれが〝軍事侵攻〟に等しい形にもなりかねない**状況でした。

実際、20世紀に入って社会主義革命を成功させて成立したウラジミール・レーニン（1870〜1924）を指導者とするソ連は、既存のロシア軍を母体に労働者・農民赤軍（後のソ連軍）を創設し、周辺諸国にまで軍事力で社会主義的革命を押し付ける準備をしました。ソ連一国では、社会主義体制が維持できないと考えたからです。

共産主義の押し付けで他民族を迫害したことも

後にレーニンが病気に冒され、後継者としてヨシフ・スターリン（1878〜19

※9 **闘争歌「インターナショナル」**
オリジナルは19世紀後半にパリで作られました。「起て　飢えたるものよ　今ぞ　日は近し」で始まる歌詞は、かつては盛んに歌われましたから、ある世代以上の人にはなじみ深いはずです。

53）がソ連共産党書記長として台頭し始める頃には、ソ連だけでも社会主義体制を維持できるとした「一国社会主義」といった考え方が打ち出されましたが、結局、ソ連の膨張主義的な動きはずっと続きました。

第二次世界大戦でも、ソ連軍がドイツなどの枢軸側に反撃して進攻したヨーロッパの東半分は、すべて社会主義国になり**ソ連主導の同盟体制**※10に組み込まれたのはそのあらわれです。

また、毛沢東（1893〜1976）率いる中国共産党が、紅軍および後の人民解放軍を用いて武力で革命運動を進め、抗日戦争を経て中国全土の共産化を図ったやり方も〝共産主義的グローバル化〟そのものでした。

単なる軍事進攻ではなく、進軍して〝解放〟した各地、たとえばチベットなどでも封建的な政治システムや農業を強引に改革し、反対者を弾圧・処刑して**鋳型に流し込むような社会改造を推し進めた**のです。

結果として、地域や文化の差を度外視した強引な共産主義化の下で、多くの人々が共産党支配の押し付けで苦しむことになりました。「差別はない平等な経済システム」といっても、独自の歴史を経て形成された民族的な生活や文化を他から持ち込まれたモデルの鋳型にはめ込まれるのは、大変な

※10 **ソ連主導の同盟体制**
軍事では「ワルシャワ条約機構」、経済ではコメコン（経済相互援助会議）が設立され、ソ連を主軸に東欧の共産主義国などで構成していました。どちらもソ連の崩壊で消滅しています。

苦痛となりますから。

反米にすぎなかった反グローバリズムの正体

やがて共産主義的な〝グローバリズム〟は、89年のベルリンの壁崩壊を契機に崩れていくことになります。ソ連邦は91年に崩壊しましたし、中国は共産党の政治支配こそ変わらないものの、経済システムでは78年から「改革・開放路線」への移行を進めたため、「市場経済」という名の資本主義体制に戻ってしまいました。

これが、「社会主義の崩壊」なのですが、共産主義運動というものは、今日も変わることなく、自分たちの考える理想のシステムによる〝グローバル化〟を急速に推し進めようとするものなのです。

仮に共産党が〝反グローバリズム〟的な姿勢をとっているとしたら、それはあくまで世界に君臨する超大国アメリカに対する反体制としての意味合いで反対しているだけだといえます。

徹底検証！ 志位さんの国会質問は、なぜワーキングプアの心を捉えたのか――？

首相や大臣にズバリ斬り込む、質問巧者の志位委員長！ この質疑の「見どころ」や「要チェックポイント」を詳細に解説します！

テレビで放映される衆参の予算委員会[*1]の質疑、それもトップバッターの質問は野党では党首クラスが首相や閣僚と正面対決する〝ひのき舞台〟です。

日本共産党の志位委員長も、毎国会で多数の国会秘書、党本部の政策委員などを集めて念入りに準備します。

ここに紹介しますのは、ニュースで取り上げられ、ネットでも大いに話題になった派遣労働に関する08年2月8日の予算委員会質疑です。質問者の志位委員長は、派遣労働法その他の法律上の矛盾と、現実に起きた「偽装請負」の違法行為について、さらには「日雇い派遣」などの悲惨な実態を示しながら、首相や厚労相[*2]に「法の抜本改正」を含む是正を求めています。

多くのワーキングプアが拍手したという志位質問の〝注目ポイント〟をチェックしてみましょう――。

＊1 **予算委員会**　政策や案件を審議する常設の委員会の一つです。予算委員会は衆参両院に設けられていて、その名の通り、内閣が提出してきた予算案を審議する委員会ですが、予算は国政のすべてに関わることなので、審議する内容は「予算」だけに限らず、あらゆる議題が話し合われます。

＊2 **首相や厚労相**　なお当時の首相は自民党の福田康夫さん、厚生労働大臣は麻生内閣でも同職を務めた舛添要一さんでした。

2008年2月8日　衆議院予算委員会
質問者　志位和夫（日本共産党委員長）

ここで紹介した質疑のやりとりは志位和夫氏のホームページ（http://www.shii.gr.jp）で公開されている08年2月10日『しんぶん赤旗』の記事『人間〝使い捨て〟では未来ない　派遣法改正し〝労働者保護法〟に』の記載を基に抜粋。読みやすいように原文を損なわない範囲で一部に文字の修正、改行などを施した。

志位和夫委員長　日本共産党を代表して、福田総理に質問いたします。派遣労働の問題を中心に、総理の見解をただしたいと思います。

この間、「構造改革」の名ですすめられた政策のもとで、国民のなかに深刻な貧困と格差が広がり、多くの国民が「暮らしの底が抜けてしまった」ような不安と危機のもとにおかれております。貧困と格差が拡大した原因はさまざまですが、その根源には人間らしい雇用の破壊があります。なかでも派遣労働を合法化し、あいつぐ規制緩和をくりかえしてきたことは、雇用の不安定化、労働条件の劣悪化の中核をなす大問題だと考えます。

派遣労働者は321万人に急増し、うち登録型派遣——派遣会社に登録して仕事があるときにのみ雇用されるというきわめて不安定な状態のもとにおかれている労働者が234万人に達しています。**（中略）**

志位さんは負ける質問を絶対にしない——

解説　**最初に質問の狙いと共産党の立場を鮮明にし、同時に相手を共通の土俵に引き込む。**

これは私の秘書時代、よく筆坂さんと話していたのですが、「志位さんは負ける質問を絶対にしない」という特徴が質問のはじめの部分にもよく出ています。

国会の質問は、はじめの部分、いわゆる「切り口」が大切です。ここがあいまいだと、質疑をテレビで見ている国民は何について議論しているのかわかりませんし、質問される側の首相や閣僚も意味を取り違えて（わかっていてもわざとそうすることが往々にあります）、とんちんかんなやりとりになってしまいます。

志位さんは、共産党の党首として「貧困と格差の拡大の原因は、人間らしい雇用の破壊」「派遣労働の合法化、あいつぐ規制緩和が雇用の不安定化、労働条件の劣悪化の中核」との、基本的立場を明らかにしています。

そして政府・与党側と斬りむすぶ問題として、321万の派遣労働者のうち234万人もが不安定な登録型派遣であることを指摘。このデータは、「派遣労働という雇用形態が拡大されると共に、正規雇用への道が開かれる」として派遣労働合法化・規制緩和を進めた政府には耳の痛い、しかし認めざるを得ない客観的な数字です。これで、状況については政府と共通の認識に立つことになります。ここをしっかり押さえておくと、後は〝押せ、押せ〟で攻める質問となり、政府が受け身に立つ流れになっていきます。

志位　ところが政府は、今国会での派遣法改正を見送るという姿勢ですが、そんな先送りの姿勢でいいのでしょうか。私は、派遣法改正は、緊急の大問題だと考えておりますが、総理の見解を求めます。

舛添要一厚生労働相　いま委員がおっしゃったように、派遣労働をめぐるさまざまな問題が起きてきていることは十分に認識しております。ただ一方で働き方の価値観の多様化というか、そういうフリーターとかいうような働き方もやりたいという方もおられることもこれまたたしかです。

しかし、いま大事なのはこの派遣法はじめ基本的な労働法令を重視してもらわないと困るということでありますし、それからやはり、正規労働者になってもらうということで35万人の常用雇用化、フリーター常用雇用化プラン等を推進しておりますし、やはり若者は職業能力を開発し、若者だけでなく年長フリーターにもやってもらうということでジョブカード制度など入れまして、鋭意この問題に取り組んでおります。

序盤で政府に問題点を認めさせた――

解説　政府の「派遣法改正見送り」を批判し、「派遣法改正は、緊急の大問題」と迫っています。これも政府にとっては痛い追及で、舛添要一厚労相から「いま大事なのは……基本的法令を重視してもらわないと困るということ」「正規労働者になってもらうということで35万人の常用雇用化、フリーター常用雇用プラン等を推進しております」という答弁を引き出しました。これが、以後の追及の切り口になっていきます。

なぜかというと、この答弁で政府は現状について、なんらかの改善が必要と認識したと認めたわけですし、同時に現実は〝絵に描いたモチ〟にすぎない「フリーター常用雇用プラン」が浮き上がってきたからです。

志位 私は、派遣法改正が喫緊の課題ではないかという認識をただしたのですが、お答えはありませんでした。

具体的に聞いていきたいと思います。

不安定雇用である派遣労働のなかでも、もっとも不安定・無権利のもとにおかれ、「ワーキングプア」――働く貧困層が拡大する要因ともなっている日雇い派遣の問題について、総理の基本認識をうかがいます。**（中略）**

まず、究極ともいえる不安定性です。派遣会社に登録しますと、携帯電話にメールで集合時間と仕事先が送られてくる。日雇い派遣の契約期間は1日だけです。つぎの日に仕事が得られるかどうかは、わからない。**（中略）**

また、異常な低賃金も問題です。**（中略）** 多くは重労働にもかかわらず、1日の手取り額は6千円から7千円前後。政府の調査では、もっぱら日雇い派遣のみで生活している場合、1カ月で働けるのは平均18日、月収は13万円から15万円です。仕事がとれなかったり、体調を崩して仕事を休めば、たちまち収入が途絶えて、アパート代すら払えず、いわゆる「ネットカフェ難民」に落ち込むというぎりぎりの生活を強いられています。

さらに、危険がともなうということも訴えられました。何の経験もない労働を、何の教育も受けずに、日替わりでさせられることで、労働災害が多発しております。**（中略）** ぞっとするような実態が告発されています。

総理にうかがいます。日雇い派遣に、こういう問題点があるという認識はあるでしょうか。端的にお答えください。

福田康夫首相　日雇い派遣も、それから大きく労働者派遣制度というものにはですね、それがいいという意見もあるし、それはまずいという意見、両方あるんですね。いろんなニーズにこたえてですね、こういう制度は存在したということでございます。

労働者の側から考えましての一定のニーズがあるという半面、不安定な働き方であると、そういう見方がありまして、これを見直すべきであるという意見もあるのは承知しております。**（中略）**

志位　不安定な働かせ方で問題があるということを言われましたけれども、「労働者のニーズもある」ということを言われました。

しかし、もっぱら日雇い派遣で生活せざるを得ない人々は、ほとんどが望んでその仕事についているわけではありません。正社員の就職ができない、リストラにあった、当座の生活費すらない――そういうさまざまの理由から、日雇い派遣を選ばざるをえないんですよ。生きるすべがほかになく、やむなくこの仕事についている人々を、「ニーズがある」というふうには呼べないんです。**（中略）**

福田首相の言い訳答弁をバッサリ――

解説　いよいよ首相を引きずり出して、攻勢に出ました。こういう場面で力を発揮するのは、〝事実の積み上げ〟です。質問準備の中で志位さん自身も直接、派遣労働問題に取り組む労組関係者と懇談したでしょうし、より詳しく実状の調査を秘書たち（共産党の場合、他の議員についている秘書も幹部クラスの質問準備では動員されます）があちこち現地にとび、労働者から話を聞いてきているでしょう。

そうした生の声をぶつけられると、首相や閣僚側からはそんなものが出てくることはありませんから、ますます質問する側の斬り込みが印象づけられます。こうなると、福田康夫首相の「日雇い派遣も、それから大きく労働者派遣制度というものにはですね、それがいいという意見もあるし、それは

まずいという意見、両方あるんですね」「労働者の側から考えましての一定のニーズがある」などというあいまいな答弁が「現場を知らない」との怒りを呼び起こすことになります。

志位さんは福田首相の「ニーズがある」という答弁を「正社員の就職ができない、リストラにあった、当座の生活費すらない――そういうさまざまな理由から、日雇い派遣を選ばざるをえない」とバッサリと切り捨てます。国会中継を視ていた人は、テレビの前で大喝采でしょう。

志位　私は、この問題には、さらに重大な問題があると思います。日雇い派遣の問題点をずっとお聞きしていて、最も深刻なのは、これは人間を文字通りの消耗品として使い捨てる、究極の非人間的な労働だということであります。

次のような訴えが寄せられました。「直接雇用の場合は、たとえアルバイトでも明日も来てもらうから、ある程度長持ちするように使うが、日雇い派遣は明日来なくていいから、目いっぱいヘトヘトになるまで使う。人間として気遣われることもない」**（中略）**

もちろん違法行為をなくすことは大事です。しかし、日雇い派遣という働かせ方自体が、人間をモノのように使い捨てにし、使い切りにし、人間性を否定する労働だと、こういう認識をもって対すべきだと思うのですが、総理いかがでしょうか。見解をうかがいたい。**（中略）**

低賃金なのは共産党の職員も同じなのに――

解説　**さらに志位さんは、福田首相の〝心のない答弁〟に対比するかのように日雇い派遣の問題を、「不安定性」「低賃金」「危険度の高さ」「使い捨て」というさまざまな角度から浮かび上がらせています。しかし、共産党職員、それも国会秘書だった私には、前段の「異常な低賃金も問題です」「多くは重労働にもかかわらず、一日の手取り額は6千円から7千円前後」「1カ月で働けるのは平均18日、月収は13万円から15万円です」という、くだりには失笑せざるを得ませんでした。**

共産党の職員給与は、20代が異常に低く、ほとんど休みな

しで1ヵ月働いてもようやく15万円に手取りが届く程度でした。たぶん質問準備にあたっている国会秘書の中には30代未満の人がいたと思います。

私は04年までしか党本部にいませんでしたが、財政状況が悪化しているばかりでしたので、これは今日も変わらないでしょう。もちろん、地方の党専従は金額が低いことはおろか、給与遅配・欠配もめずらしくありません。質問準備をした秘書の中には、「ああ、私は日雇い派遣以下なのか……」と嘆息した人もあったでしょうね。

志位　さきほど総理が、日雇い派遣の「雇用の安定」のための「ガイドライン」をつくると、おっしゃいましたね。**このこと**[*3]だと思いますけれども、「日雇い派遣労働者の雇用の安定をはかる」とあるんですけれども、厚生労働省がつくったものですね。私は、これを読んで驚きました。「安定」した日雇い派遣というのはありえないんですよ。日雇い派遣というのはどんな形であれ、究極の不安定労働なんですよ。ですから、こういうものが法律で認められていること自体が、私は問題だと思います。**（中略）**

もう一点、言いたいと思います。今度は総理の認識を聞きます。日雇い派遣労働者が現実におこなっている仕事は、そのほとんどがその日かぎりの業務ではないんですよ。たとえば、物流倉庫での荷さばき、宅配便の荷物の仕分け、ファミリーレストランのウエートレス、製造現場でのライン作業など、そのほとんどが恒常的におこなわれている業務なんです。

それまでは、正社員など直接雇用によって担われていた仕事が、あいつぐ派遣労働法の規制緩和によって、日雇い派遣によって担われることになりました。とくに1999年に派遣労働を原則自由化したことが、登録型派遣とむすびついて、日雇い派遣という働かせ方をつくりだし、それがいま、どんどん広がっているわけです。

＊3　このこと　このとき志位さんは厚生労働省が作成した『日雇派遣労働者の雇用の安定等を図るために派遣元事業主及び派遣先が講ずべき措置に関する指針（案）』を示しました。

これは総理の認識をうかがいたい。今度は総理が答えてください。日雇い派遣という働かせ方が、あらゆる職種に際限なく広がっていく、そんな社会にしてしまっていいんでしょうか。**(中略)**

厚労相 その前に誤解があるといけませんので、はっきり申し上げたい。わが厚生労働省は、労働者を守るために、労働法令に基づいてきちんとしたことをやっております。**(中略)**

志位 総理の答弁を求めます。

首相 私もですね、日雇いというかたちというのは決して好ましいものではないと思っております。

志位 好ましいものではないということを答弁されました。これは非常に重要な答弁であります。

私はそれならば、**(中略)** 好ましくないという方向での法改正にふみきるべきだと思います。労働者派遣法を改正して、日雇い派遣は禁止をすると、そして安定した雇用に転換をはかっていくことを、私たちは強く要求します。そのイニシアチブを、総理にはぜひ発揮していただきたい。**(中略)**

ついに「日雇いは好ましくない」と言わせた

解説 ここからが質問の「山」の部分です。志位さんは見事に一本取りました。

福田首相から「日雇いというかたちというのは決して好ましいものではない」との答弁を引き出したからです。この部分だけでも溜飲を下げる人は多いでしょう。

通常、首相や閣僚の答弁は、事務方のお役人が作ったものを読むのですが、政治家としての見解はお役人が書くことはできません。こういう政治家としての核心の見解を引き出すには、相手の人間性の核にもふれるような、事実の上でも心情の上でも練り上げた質問をしなくてはなりません。福田首相の心を志位質問が動かした瞬間ですね。

厚労相が「労働法令に基づいてきちんと」やっていると役人の書いた建前を述べている横で、政府の最高責任者である首相が「日雇いは好ましいものではない」と述べたことは、政府の対応が不十分だと自ら表明させたことと同じで、事態を改善させていく足がかりになるものです。

　そもそも日雇い派遣が認められるようになったのは、好況のときには必要な労働力を派遣の形で確保し、景気が傾くと調整弁代わりにどんどん解雇できるように、財界が雇用の流動化を求めたからです。それが、あらゆる労働現場で普及した雇用形態となり、労働者の生活を不安定化させているのが現状です。

　雇用の流動化のために導入したものを、「安定化させる」というのは土台無理な話で、ここに政府の無責任なお役所仕事ぶりを露呈しています。


志位　つぎにすすみたいと思います。

　この間、グッドウィルという派遣最大手の企業に対する事業停止処分がおこなわれました。建設や港湾などへの違法派遣、二重派遣、「偽装請負」——実態は派遣であるにもかかわらず請負を偽装した違法など、派遣業界に、無法がまん延しているということが示されました。

　同時に、この事件が明らかにした重大な問題は、現行派遣法が、悪質な派遣元企業、派遣先企業を事実上保護する法律になっていることであります。**（中略）**

　さらに見ていただきたい。いちばん下の派遣先企業、つまり派遣労働者を受け入れている企業は、何の処分もされず、企業名の公表すらされていません。派遣先企業は違法行為の「共犯者」だと私は思いますよ。一緒になって違法行為をやっているわけです。ところがここには何のおとがめもない。派遣先企業はさらに厳重に保護されております。

　これは数字を今度は厚労大臣にうかがいたいんですが、**（中略）**「偽装請負」が摘発された派遣先企業、すなわち受け入れ企業のうち、勧告処分、公表処分という行政処分を受けたのは何社ですか。

太田俊明職業安定局長　偽装請負等の労働者派遣法違反によりまして、派遣先が勧告および公表の対象となった事案はこれまでのところございませんが、これは前段階の措置でありますす是正指導によって、違法状態の改善がおこなわれているということであります。

志位　これは、1社もないんですよ。勧告処分もなし。公表処分もなし。「偽装請負」でいちばん大もうけをしているのは、派遣先企業、受け入れ大企業です。それなのに1社も公表されず、事実上のおとがめなしです。**（中略）**これは私は、まったく異常というほかないと思います。**（中略）**

違法業者を処分していない実態を暴露――

解説　**ここでも、政府の対応の矛盾を二つの側面で見事に描き出しました。**

まず最初に突いたのは、現行法にも違反する事例が発覚しても、自らのニーズを最大限満たすために明らかに違法な派遣受け入れをしている受け入れ先企業には、なんら有効な指導も処分もされないということです。派遣先企業は、トヨタその他の代表的な大企業が名を連ねており、そこが違法をしてもおとがめなしでは、いくらでも違法な事案は再発してしまいます。

次に〝派遣労働者はやがて正規雇用者になる〟という政府のウソを突き上げます。

志位　いまの答弁でも確認されましたが、「偽装請負」で働かされていた8404人のうち、摘発によって期間の定めのない直接雇用、すなわち正社員となったのは18人です。わずか0・2％ですよ。離職を余儀なくされた人は361人もいる。約9割の人たちは派遣・請負という不安定雇用のままであります。不安定雇用の改善にはまったく役立っていない。

総理にうかがいたい。つまり違法行為が摘発された場合、現行派遣法というのは、派遣元、派遣先の企業は保護するけれども、労働者は保護していないんですよ。これが現行の法律ですけれども、このシステムはおかしいと思いませんか。総理にうかがいたい。これは基本の問題ですから、総理答えてくださいよ。

厚労相　いま委員が指摘になったような現実の数字が出ております。こういう状況に対して、いま厚生労働省としては、ハローワークなども含めてこの方々の雇用を促進する、そして常用労働者のほうに変わってもらう。そういう施策を全面的におこなっているところであります。

志位　企業を保護して、労働者を保護しないのはおかしいと思わないのかと聞いているわけです。それに対する答えがない。総理答えてください。

首相　厚労省も努力はしていると思います。偽装請負等の労働者派遣法違反の是正指導に際しては、労働者の雇用が失われないようにという観点から、派遣元、派遣先双方の企業に対して、適正な方法で改善するように指導しているところであります。**（中略）**

数字を突きつけ首相はぐうの音も出ず――

解説　**そもそも派遣労働の適用する職業の範囲を広げたのは、それによって正規雇用につながるから、というのが政府の見解でした。しかし、志位さんは具体的な数字（こうしたものは、質問準備の過程で政府機関担当者との間で行われる事前レクチャーの場で提供させたものです）を示しながら、この見解が当たっていないこと突きつけました。**

これには福田首相もぐうの音も出ず、「厚労省も努力しているいると思います」と、成果があがっていないことを事実上認めてしまう答弁をしています。ここでも、志位さんは一本取りました。

志位　つぎに、さらに根本的な問題を聞いていきたいと思います。そもそも、労働者派遣制度について政府はなんと言ってきたか。労働基準法、職業安定法では、人貸し業というのは厳しく禁止されております。ですから政府は、派遣労働を導入するときに、「これはあくまで例外だ」と、「臨時的、一時的な場合に限る」と、「常用雇用の代替――正社員を派遣に置き換えることはしてはならない」という条件をつけてきたと思います。**（中略）**

総理に確認しておきたい。常用雇用の代替、すなわち正社員の代替として派遣労働を導入することはあってはならない、この原則はいまにおいても変わりませんね。
首相　現在でも、この労働者派遣制度を臨時的・一時的な労働力の需給調整制度として位置づけていることに変わりはございません。
志位　変わりはないということでした。
もう一つ総理に確認しておきたい。**（中略）**　派遣期間は原則1年、過半数の労働者の意見を聴取した場合に3年までという制限があって、派遣期間を超えて同一業務をさせることは違法行為になる。**（中略）**　これが政府のこれまでの立場だと思いますが、これも変わりはありませんね。
厚労相　派遣受け入れ期間制限がいまおっしゃった常用雇用の代替にしないことを担保している、これが政府の立場でございます。
志位　二つの大事な点を、確認しました。常用雇用、すなわち正社員の代替として派遣に置き換えることがあってはならないこと、そのために期間制限が設けられていることが、説明されました。

しかし、現実がどうなっているかが、問題であります。登録型派遣のなかには、短期の雇用契約を繰り返し更新させられ、同じ派遣先で3年以上という長期間働き続けるという派遣労働者が多数存在しております。**（中略）**

【筆者注※ここで志位さんは、同じ工場で所属する班だけを変えて五年間も働いているという女性労働者からの告発を紹介する】

志位　私が知る限り、こういうやり方は全国に横行しております。こういうやり方で、長期にわたって登録型派遣という劣悪で不安定な状態のまま働かせつづけることが、いったい許されるのでしょうか。
厚労相　もしいま委員がご指摘したような事例が本当のことであれば、これは企業の責任を十分に果たしていない。**（中略）**　厳格に対処してまいりたいと思います。

ついに行政処置を約束させた――

解説　**「派遣労働はあくまで臨時のものであって、これを正規雇用と置き換えてはいけない」――これが、99年の派遣労**

働適用の業種拡大を認めた際の政府の基本的スタンスでした。そして、「同一労働で派遣期間は3年を超えてはならない」という制限を設けたのです。

所属班替えで5年にわたる派遣労働を余儀なくされている例を示した志位さんに、舛添厚労相も「企業の責任を十分に果たしていない」「助言または指導をおこないます」と答弁せざるをえませんでした。こうした答弁があると、実際に措置がとられるので、これも志位質問の成果です。

志位　違反行為については厳正に対処するというふうにいわれました。ただ、ここに私は、持ってきましたけれど、これは厚生労働省が出している『労働者派遣事業関係業務取扱要領』という文書でありますが、これを見ますと、「同一の業務に係る判断の具体例」という項目のなかで、こう書いてあります。

「脱法を避けるという点に留意しながら解釈する必要があるが、基本的には「係」「班」等場所が変われば「同一の業務」を行うと解釈できず、違った派遣が受けられる」

こういう指導をやっているんですよ。こうして、「班」とか「係」を替えれば、いくらでも長期間の期間制限を超えた派遣労働をやってもいいと、お墨付きを与える、脱法の勧めをやっている。（中略）

二の矢、三の矢を次々に繰り出し平伏――

解説　ところが志位さんは追及の手を一向に緩めようとはしません。厚労省そのものが指導通達の中で「所属する班や係を替えれば、3年を超えてもいい」ととれる〝抜け道〟を企業に指南している事実を証拠の書類と共に突きつけました。

これでは、いつまでたっても〝臨時〟であるはずの不安定な派遣労働は拡大し続けるばかりです。志位さん、またまた一本取りました！

志位　派遣期間の制限を超えて、派遣労働者を働かせることはいま確認してきたように違法行為です。それが摘発された場合、労働者がどうなっているかという問題であります。厚生労働省は2007年3月末に、この問題でも後追い調査をやっているはずであります。

調査の対象になった労働者は何人か、摘発後、雇用期間の定めのない直接雇用——正社員とされた労働者が何人か、報告してください。

職安局長　（中略）労働者派遣のうち、派遣可能期間の制限に抵触したことを理由に是正指導をおこなった事案8件において、制限を超えて派遣されていた労働者として確認の対象となったものが74名でございます。このうち派遣先において直接雇用されたものが42人、そのうち雇用期間の定めのない直接雇用というのはございません。

志位　正社員になった方はゼロなんですよ。**（中略）**期間制限を超えていた74人のうち、**（中略）**正社員になれたのは、驚くことにゼロなんです。直接雇用になった方が42人いますが、どれも短期雇用です。離職を余儀なくされた方も13人います。**（中略）**

実効ある措置は何一つとられていないではないかと、これが現実ではないかということを、私は言いたいと思います。

（中略）

「正社員はゼロ」に反論を許さず——

解説　**志位さんの鋭い質問攻撃は留まるところを知りません。実際に派遣期間制限を越えて摘発したケースでも、対象となった派遣労働者が正規雇用に変えられた事例がゼロだという現実を指摘し、政府の対応が不十分なことを明瞭に示しました。これは、厚労省側からデータを示させて指摘したものなので、閣僚も政府も反論のしようがありません。**

こうした相手に反論を許さない質問は、事前の準備が大事で、準備にあたった国会秘書が政府の担当者とひざ詰めで談判しながら資料も出させて決着をつけたものです。政府もやられると思うから、言を左右してなかなか本当のデータを示そうとしません。根気強い折衝が必要で、裏方の知恵と奮闘があってこその成果です。

志位　私は、正社員から派遣への置き換えを大規模にやっている企業の具体的実態を示して、さらにただしたいと思います。**（中略）**

キヤノンの御手洗会長の出身県の大分県に、キヤノンマテリアルという企業があります。パソコンに接続して使われるレーザープリンターのカートリッジを生産している企業でありますが、キヤノンが大分県に提出した資料によると、この企業で働く労働者は、２００７年11月現在で、２８８０人です。うち直接雇用はパートも含めて、１６００人にすぎません。派遣は１４００人、請負は３２０人となっています。労働者の半分は派遣なのです。**（中略）**

もう一つ例をあげましょう。全国に展開するキヤノンの工場を調べますと、大分工場と同様の実態がみられます。これは滋賀県・長浜キヤノンの工場ですが、約3千人の労働者のうち、直接雇用は１０３８人にすぎず、半数以上は派遣労働者といわれています。

私たちは、トナーカートリッジの製造ラインで働く2人の派遣労働者から、実態を直接お聞きしました。この製造ラインでは、19人が働いている。5人が交代要員として配置されている。なんと、24人の全員が派遣労働者だというのですね。登録型派遣で2ヵ月から3ヵ月という短期の雇用契約を繰返して働いている派遣労働者です。派遣労働者で一つのラインが丸ごとつくられている。それ以外に2人の正社員がこのラインに配置されていますが、その仕事はトラブル処理と不良品の集計で、ラインの組み立て作業にはまったく入っていない。**（中略）**

これを禁止されているはずの、常用雇用の代替――正社員の派遣への置き換えといわずして、何というのか。工場丸ごとの派遣への置き換えがなされているのではないか。「派遣工場」というのが、この工場の実態ではないか。これは調査に入ってください。

厚労相　われわれは法律に基づいて、いささかでも違法状態があれば、そこに調査に立ち入り、労働基準局をはじめとして調査をし、そして厳しい是正指導をおこないます。

志位　はっきりキヤノンに調査に入るといえないところが、情けないですね。きちんと言えばいい。これは調査に入ることを求めておきたいと思います。**（中略）**

ついに「厳しい是正措置を行なう」と言わせる

解説　〝世界のキヤノン〟が実際は「派遣工場」というような違法な実態をつくりだしているという事例を示し、志位さんは質問の〝仕上げ〟にかかりました。

日本経団連の会長企業が率先して違法行為をしているというのは、今日の日本でのワーキングプア増加に対する企業責任をあざやかに示すものです。前半で派遣労働についての政府や首相の見解を明確に示させながら、それに反する実態を具体的事実の積み上げで浮き彫りにする。特に、最高の模範的企業でなくてはならないキヤノンのような大企業の不法をつきつけるという質問の構造は、見事としかいいようがありません。

舛添厚労相とのやりとりで志位さんが「はっきりキヤノンに調査に入るといえないところが、情けないですね」と突っ込むのも、ニクイところです。

本当は、国会答弁で「個別の事案をどうするか、具体的には答えない」というのが、過去から一貫した政府のスタンスなんですが、国民はただちに是正を求めているわけですから、志位さんの指摘は正論です。首相も「厚労省に事実を確認させる」と補足的な答弁をし、キヤノンへの調査実施を約束したのですから、ここでも〝一本!〟です。

志位　ずっと今日やってきましたけれども、労働者派遣法は労働者を保護していない。労働者派遣法は〝派遣労働者保護法〟に抜本的な改正が必要だと思います。違法があった企業には、事実上雇用していたものとみなして、正社員にする責任を負わせる、そういう法改正が必要だと思います。**（中略）**

いま、多くの若者が、そして女性が、また中高年の方々が、派遣、請負、パートなど使い捨て労働のもとで、異常な低賃金と、無権利に苦しみ、知識や技能を身につけることができず、医療保険にも年金にも入れず、結婚も子育てもままならず、将来に希望が持てない状況があります。

この状況をこのまま放置したらどうなるか。日本社会に未来がないことはあまりにも明らかであります。

私たちは、いまこそ、労働法制の規制緩和から、規制強化の方向に舵を切りかえるべきだと、強く求めたいと思います。時給千円以上を目指し、全国一律の最低賃金制を打ちたてることを強く求めます。

大企業から家計・国民に経済政策の軸足を転換する、このことを強く求めて、質問を終わります。

だが、「厳しい追及」だけで満足してないか?

解説 ただ、かつて国会秘書だった私が心配なのは、果たしてこの質問の後追いをしているかどうかです。具体的な対応の点検ですね。

私は、可能なときに答弁された内容がどのような措置で進捗しているのか、政府の担当者に報告してもらい、報告書を自分の責任で作成して関係者に通告しました。本当はそこまで丁寧にやらないと、巨大な官僚機構だけにうやむやにされることも多いのです。

おそらくキヤノンへの調査は実施されたでしょうが、それが事態の具体的な是正にどれだけつながり、キヤノンだけではなく全体として派遣労働の現状にどのような影響を与えたか、分析が必要です。

想像以上に共産党は〝官僚的機構〟なので、担当した秘書なんかが後でチェックしないでいると、せっかく大成果を上げた質問もやりっぱなしということになります。ただただ、首相や大臣の苦しい答弁を〝成果〟として宣伝し、「共産党はこんなにやった」と言い張るだけのことが多いように思います。

繰り返しますが、引き出した答弁が政府の措置として具体的に実施されて始めて、国会質問は意味を持つのです。この点は、志位さんの質問に「共産党、よくやった!」と思った国民の側からもチェックすべきでしょうね。

共産党の謎 05

派遣村や失職者支援で炊き出ししている団体と共産党は関係があるんですか?

いえ、個人で関わった共産党員はいましたが、右翼や宗教関係者も派遣村に参加しています。

2008年の暮れ、東京の日比谷公園に設置された「年越し派遣村」はサブプライム問題に端を発する大不況で首を切られ、住む場所を失った派遣労働者たちをサポートして話題になりました。

この年越し派遣村の取り組みは、単一の団体によるものではなく、労組やいろんな政党、さらには宗教団体も含むさまざまな立場の団体とメンバーが協力したものでした。著名な人も無名な人も、そして政治家も普通の人も、それぞれの思いで参加していました。

ですから、派遣村や失職者支援でさまざまなボランティア活動を展開した団体のすべてが共産党に関係あるわけじゃないんです。しかし、これは個々の人に迷惑がかかるので全部はお話しませんが、中心メンバーの何人かには私の知っている共産党員がいました。

新右翼も「こりゃ手伝わなきゃ」とボランティアに

また、付き合いのある共産党員のおばさんたちから、こんな話も聞きました。

「ともかく、ニュースを見ていてもたってもいられなくて、カンパの食糧をもっていったの。それで、一日中、食事を配るお手伝いをした」

「**新婦人**※1の班会で何かしようということになって、連れ立ってボランティアしてきたよ」

「大変だったァ」と言いながらも、人助けの活動ができたことがうれしいらしく、**党員のおばさんたちはニコニコでした。**そう、共産党員って人助けが好きで人情味ある人が多いんです。

その一方で、最近講演活動を通じて知り合った**新右翼系グループ**※2の青年たちも「派遣村に行って、現状をこの目で見てみたら、こりゃ手伝わなきゃいけないなと

※1 **新婦人**
共産党系の女性団体「新日本婦人の会」のことです。

※2 **新右翼系グループ**
親米反共路線の保守政権に近く、やや体制寄りだった既存の右翼団体に対して、民族主義的な思想を重視し反体制的な立場を鮮明に打ち出した右派勢力のこと。反体制の面で共通するため、新左翼など急進左派と交流・連携する場面も少なくないといわれています。

ボランティア好きの共産党自己宣伝が過ぎないか?

思って、毎日通いました」

という話をしてくれました。何か日本人の心の底に眠っていた義侠心というか、人情というものがほとばしったようで心が温かくなりましたね。

だから、「派遣村や失職者支援って、ホントは共産党がやってるんだろ」なんてウワサ話を耳にすることもあるんですが、事実ではないと思います。

むしろ、08年の暮れという大不況で先行きがまったく見えなかったあの時期には、生活に困った労働者がたくさんいたのだから、率先して共産党が立ち上がらなきゃダメだろと感じていたほどです。

年越し派遣村のようすをニュースで見て「共産党?」と思う人がいたことで判りますように、たしかに共産党にはボランティア好きの伝統があります。地震など災害があると必ず救援ボランティアを募って派遣します。最近は党員の高齢化が深刻となり、一般の若者からボランティアを募集したりしてますけどね。

95年の阪神淡路大震災の時も、多くの共産党員が懸命に支援活動に取り組みました。当時、私は議員候補者の秘書でしたが、同じ僚たちからも兵庫県委員会に救援活動のために派遣された人が多くいました。現地に派遣された共産党員たちは、党が準備した宿所に寝泊りしながら、避難生活を送る人たちに飲料水やトイレ・洗濯用の水(生活中水といいます)、炊き出しのお握りその他の雑貨を配ってまわっていました。また、党の機関紙『赤旗』を宅配の止まっていた商業新聞に代わる情報源として避難所に数十部ずつ無料配布していました。

こうした救援活動は大変に喜ばれました。

しかし、「共産党の救援活動はこんなに喜ばれた」との自己宣伝が少し鼻につくなあ、と思ったものです。特に被災地に全国から派遣されていた自衛隊の救援活動と対比して、「自衛隊よりも共産党や**民主団体**※3による救援活動のほうが、のべ派遣人員も多く実質的に役立った」なんてことを言い出したあたりで困ったもんだと思いました。

共産党に根強くある独善的な自己宣伝癖

私は現地でがんばった自衛官や部隊指揮官だった人からいろんな話を聞いています。その中で、自衛官も苦しい状況で全力をあげていたのに『赤旗』記者なんかが現地であら探しするのは参ったと言われて、元党員としてはずかしいなあと感じたものです。

※3 **民主団体**
共産党系の労組や団体のことで、後者には民主商工会(民商)や生活と健康を守る会、新日本婦人の会、民医連、平和委員会、革新懇話会などがあります。

国会秘書の時、知り合いの『赤旗』記者に、「やった、やったと自慢を前面に書き立てるような記事にせず、事実でおのずからわかるものにしろよ」と苦言を呈しました。

しかし記者は「いや、**上のほうが手を入れちゃうんだ。**自分で宣伝しなくちゃ誰も宣伝してくれないぞって」と言い訳するばかりでした。この**共産党に根強くある独善的な自己宣伝癖で、大きな問題を引き起こしたのが薬害エイズ・HIV訴訟の時**です。

川田龍平さん（現参議院議員）がHIVの感染者であることをカミングアウトして運動にはずみがついた薬害エイズ訴訟では、多くの若者が川田さんと川田さんを支えるお母さん（川田悦子さん）に共感して支援運動に参加しました。その中には日本共産党の指導下にある**日本民主青年同盟（民青）**※4のメンバーも多数含まれていました。

民青は、テレビや新聞でもさかんに薬害エイズ問題が取り上げられるようになったのを絶好のチャンスと考え、「民青に入って薬害エイズ問題に立ち上がろう」と若者のボランティア志向を勢力拡大に最大限利用するべく画策し始めました。共産党国会議員らとの合同街頭宣伝などでも、民青の幹部がまるで薬害エイズ訴訟問題に取り組む運動の代表のような顔をして、「HIV問題に先頭に立って取り組む民青同盟」と

※4 **日本民主青年同盟（民青）**
「日本民主青年同盟（民青）」については本書16ページ下欄の注記を参照下さい。

さかんに自己宣伝する始末です。

運動に参加した若者を民青が勧誘していた

そして、実際に薬害エイズ訴訟運動に参加してきた**ノンポリ※5**の若者に民青への加盟を裏でさかんに呼びかけるなど、自分たちの勢力拡大ばかりを追求しました。川田さん親子を始めとするHIV訴訟原告らを支援する運動には、有名な漫画家の小林よしのりさんも参加して座り込みや国会議員、省庁への要請や交渉の先頭に立っていました。もちろん、参加している若者も民青ではない人が圧倒的多数だったのです。

これらの人々が、**民青ひいては共産党の独善的な自己宣伝に眉をひそめるのは当然**でした。結局、HIV訴訟が国との間で和解成立という形で解決すると、この民青の**オルグ※6**問題は小林さんの著作による公然たる批判で炸裂しました。民青や共産党側は、表向き沈黙してやり過ごすのみという苦しい対応に追い込まれたのです。

まあ、力のない人ほど吼《ほ》えるというか、自己宣伝するという悪い例の典型を演じたのが民青と共産党だったわけです。当時、国会秘書としてこれを横から眺めていた私は、まったく愚かしいなあ、と仲間と話し合っていたものです。

※5 ノンポリ
ノンポリティカル（non-political）の略で、一般には政治活動に無関心な人を指す俗語です。意識的に支持政党を持たない「無党派層」とは若干意味合いが違い、どの政治勢力にも関心が無い場合に対して使います。

※6 オルグ
労働組合や政治組織を組織したり加入を促す活動、またはその活動をしている人のこと。オルガナイザー（organizer）が語源です。人材を獲得する「スカウト」と同じような意味合いで使われますが、主に左翼的な活動の場合に対して使われます。

共産党の謎 06

お金持ちですけど共産党員になれますか? それともヤッパリ資産家は共産党の敵ですか?

いえいえ、お金持ちは大歓迎! ——やっぱり活動するにはお金が大事です。

共産党という組織はかつて〝革命〟をめざしていただけに、全国津々浦々に地区委員会や支部を結成し、巨大な機構を持っています。**わずかな国会議席**※1しか獲得できない少数政党である今日の実態に見合わないほどで、このシステムの維持には巨額のお金が必要です。

したがって、収入や資産の多い人が共産党員に入ることは大歓迎ですよ。共産党に収める党費も高額になりますし（実収入の1％、年収1億なら党費は100万円!）、共産党が専従職員への一時金支給や選挙活

※1 **わずかな国会議席**
民主党が大勝した09年8月30日の衆議院選挙では、共産党は現状維持できましたが9議席にすぎません。衆参合わせての議席数は、16議席で、国会の議席に占める割合は2・2%です。

動準備を名目にして年に2~3度は展開する募金運動（カンパ集め）でも、多額の寄付を期待できますから、資産家・資本家はちっとも「共産党の敵」じゃああありません。

それに歴史の授業でも習う**共産主義運動の創始者、カール・マルクスとフリードリヒ・エンゲルスは、二人とも良家の出身**で、マルクスはドイツのトリーアという町の貴族、ウェストファーレン家の娘であるイェニーを妻に迎えています。

浪費家だったマルクス 大金持ちだったエンゲルス

しかしマルクスは時事評論を書いたり、哲学や経済学についての自分の共産主義理論に基づく著作を書いたりして得られる原稿料しか収入がないくせに、家政婦や自分の秘書を雇い、次々に子供が生まれるという状況で生活費が間に合わない状況に陥っていました。

つまり、カール・マルクスは社会に出てからのほとんどの時期で〝金欠病〟に悩まされていたのです。

一方、マルクスの無二の親友であり、思想面でも固い絆の同志となったエンゲルスは資産があり、収入も豊かな資本家の出でした。プロイセンでの兵役が終わってしばらく革命運動に狂奔した後、**家業をついで**

繊維関係の企業経営をおこなっています。

まったくのブルジョア階級で、稼ぎがないくせに浪費癖だけは一人前のマルクスの無心に応えて多額の金品をマルクス家に仕送りし、彼の生活を支えました。また、時々、妻イェニーの実家で親族が死ぬたびに分割された遺産がころがりこみ、家計は一時的に改善しますが、結局マルクスやイェニーの浪費癖が再発するきっかけになり、元《もと》の木阿弥《もくあみ》になってばかりいました。

今日の共産党員が知ったらビックリする歴史

後に世界の共産党がこぞって美談に仕立てあげましたが、**マルクスの貧乏とエンゲルスとの友情物語は、まったくの嘘**と言ってよいものです。

マルクスの貧乏は前記しましたように収入に見合わないぜいたくが原因です。今日、明らかにされた伝記によれば、家賃の高い豪華な借家に住んだり、娘たちを学費の高い学校に入学させたりと、いくら知識人といっても当時としては分不相応の贅沢を止めることはできなかったようです。

結果として何度も極貧の状態に陥りますが、そのたびに窮地をやや思想的な対立者だったフェルディナント・ラサールという社会主義者やエンゲルスからの金の工面で助けてもらっています。

一方、エンゲルスはマルクスがこなし切れない時事評論などの記事執筆を、もっぱらマルクスに原稿料を稼いでやるために肩代わりしてやったり、金を送ったりもしますが、自分もけっこう派手な暮らしをします。**特にエンゲルスで際立っていたのは、パリその他の滞在地での高級売春婦との金にまかせた交際**です。

〝共産主義の創始者〟たちのこうした行状は、今日の共産党員が知ったらビックリするものばかりです。しかし、エンゲルスの買春癖はマルクスも知っており、エンゲルス自身がパリから「こちらの生活は楽しいぞ。君も来たらいい」という趣旨の手紙を書いているほどです。

以上に興味のある人は、出版以来、共産党から黙殺されているマルクス最新の伝記**『カール・マルクスの生涯』（フランシス・ウィーン著／田口俊樹訳／朝日新聞社）**※2を読んでみて下さい。

お金持ちの党員や支持者に寄付をお願いする

「金持ちでも共産党員になれるのか？」という本題からそれて、マルクスとエンゲルスの裏話ばかりしてしまいましたが、共産主義理論の創始者の一人であるエンゲル

※2 **『カール・マルクスの生涯』（フランシス・ウィーン著／田口俊樹訳／朝日新聞出版）**
共産主義運動創始者たちの個人生活の周辺までを描き出した伝記の決定版。マルクスとエンゲルスを立体的に理解するいい材料となります。

スが金持ちで資本家だったことは、ちょっと勉強をした中堅以上の共産党活動家なら知っています。

だから、入党してからも「資本家の家の息子だから」「金持ちだから」と、共産党内で**変な目で見られたり、疑われたり**※3することはありません。

事実、**大金持ちとまではいかなくても、“小金持ち”の党員はけっこういるんです。**

私は、国会秘書になる前は国会議員候補者の事務所員としてしばらく活動していましたが、そうした事務所の経費の大きな部分を独自の財政活動で補っていました。

そうした財政活動は、大きく分けて寄付集めと独自の事業活動です。

寄付集めは、共産党の地区委員会事務所が行うものとは別枠で、事務所が独自にお金持ちの党員や支持者をリストアップして、定期的に訪問して寄付してもらっていました。「事務所維持カンパ」とか、「今度、宣伝カーを買うため」だとか、その時々の名目で協力をお願いして、事務所員が回ったものです。

私もずいぶん寄付集めに歩きましたが、対象となるのはちょっと**売れている作家とか漫画家、俳優**※4、さらにはいろいろな偶然で有力企業の幹部や経営陣の一員となった共産党員や支持者たちでした。こう

※3 **変な目で見られたり、疑われたり**
親が官僚や警察官、自衛官だという共産党員も普通にいます。人手の足りない地区委員会では入党者をいちいちスパイと疑ったり、親の職業が原因で不信がられるようなことはありません。

※4 **売れている作家とか漫画家、俳優**
党員や共産党シンパだった著名人については本書218ページからの「党員だったり共産シンパの芸能人や文化人はいますか？」で詳しく解説しています。

した方々には、募金の他、上級の機関（都道府県委員会や時には中央委員会）の指示で借金の申し入れに行ったことがあります。

自転車操業——知られざる共産党の財政活動の実態

借金もけっこう大事な活動で、お金に余裕のある党員や支持者から50万～100万円単位で借り入れしていました。たしか半年か1年で返済する約束だったと思います。でも、返済時期というものは予想以上に早く来るものです（笑）。

返済に困ると、また別の人から借りて、返済に充てるという借金の自転車操業を事務所ぐるみでやっていましたね。

このやり方を、人事異動した事務所員から知った別の地区委員会がマネするんですが、たいていコゲついてしまい借り入れ先がどんどん減っていきました。なにしろ共産党の地区委員会は、『赤旗』の購読拡大に追われていますから、寄付してくれたり借金に応じてくれたりする人と人間づきあいしている余裕がなく、借り入れ先なんか増えないんですね。

それでもなんとかして家賃だの、一時金だの、時には滞納した電話代や社会保険料をやりくりしていたように思います。なかには、自分たちの飲み代のツケ払いに充てた剛毅な幹部もいましたが、バレて党をクビ（除籍）になったケースもけっこうありました。

員・支持者の存在はありがたいものなんです。入党は歓迎されこそすれ、嫌われるわけがありません。

干物をお金持ち党員に買ってもらって……

事業活動では、私の場合、地方の漁業協同組合から事務所が仕入れた干物をさばいたり、**いわさきちひろ**※5の人気カレンダーの仲介卸をしたりといったことをやりました。これも、お金持ち党員の協力による買い入れがバカになりませんでしたねえ。

以上のように、苦しい台所事情の共産党にとって、お金持ち、または小金持ち党

※5
いわさきちひろ
1918年生まれ。色鮮やかな子どもの水彩画で有名な画家・絵本作家です。夫は共産党で国会議員だった松本善明さん。いわさきちひろ自身も共産党員でした。74年没。

共産党の謎 07

共産党の時代になったら、一転してワーキングプアやプレカリアートの天下ですよね？

残念ながら、民主党や自民党の政権とは違う、働きやすい世の中を生み出すビジョンを示してません。

そうなんですか？　この本でも大きく取り上げた派遣労働法についての**志位さんの国会質問**※1のように、共産党が**ワーキングプア**※2や**プレカリアート**※3の問題に取り組んでいるから、共産党の時代がやがておとずれ、プレカリアートが救われるというのでしょうか？

私には政権を取ったり国会で重要な地位を占めた共産党がプレカリアートを、**ただ"貧しい労働者だから"という理由だけで手厚く遇するようになるとは想像できません**。そもそも、志位さんの質問だって、日

※1 **志位さんの国会質問**
党首である志位和夫さんが派遣労働法の不備を問いただした、いわゆる「志位質問」については、本書39ページから詳しく解説しています。

※2 **ワーキングプア**
働いても生活ができる水準ギリギリか、それ以下の収入しか得られない労働者のこと。一般に年収200万円以下だとワーキングプアの水準といえるでしょう。

本の社会でプレカリアートが増殖するのはけしからん、もっと正規雇用を増やし労働市場を安定化させろといっているにすぎないのだと思います。

共産党に頼るより自分を向上させるビジョンを

　そもそも共産党は、労働市場の安定と非人間的な派遣労働の抜本的解決に向け、どのような展望を持っているのでしょうか？

　はっきりいって、決め手がないですよ。せいぜい、旧来の正規雇用を基本とした終身雇用システムへの回帰と規制強化です。民主党や過去の自民党の政権とは断絶した、働きやすい、画期的な世の中を生み出すようなビジョンは、特に示していません。

　共産党の言ったとおりに雇用のシステムを正規雇用者中心に戻していっても、ワーキングプアはもちろん、以前からあった「引きこもり」とか「**ニート**※4」、さらには「**パラサイトシングル**※5」といった現象を解消することはできないでしょう。

　もちろん、派遣労働者の弱い立場を悪用した不法な偽装請負や使い捨てが規制されるべきなのは当然ですし、こういうことは**首都圏青年ユニオン**※6など派遣労働者の問題に取り組む労組や団体は、共産党などと協力してどんどん追及する運動を展開す

※3 **プレカリアート**
非正規の派遣労働者や失業者、零細自営業者など利益追求の社会で不安定な雇用を強いられる人々を指す新しい言葉です。不安定な（precario）とプロレタリアート（Proletariat）を組み合わせた造語といわれています。

※4 **ニート**
NEET（Not currently engaged in Employment, Education or Training）の略語で、「働いておらず、教育や職業訓練を受けてもいない（人）」という意味です。英国生まれの言葉ですが日本で普及しました。厚生労働省では「15～34歳で、卒業者、未婚であって、家事・通学をしていない者」と定義しています。

べきです。

しかし、生き方の問題として自分がどんな仕事にどのようなビジョンを持って従事していくか、ここのところを明確にして自分を向上させる姿勢なくして、ワーキングプアやプレカリアートの抜本的改善がありえないのもまた明白です。

しかし、『毎日新聞』の夕刊（2009年6月26日）に掲載された記事の中で、共産党の元トップ（実質は今もそうですが）で党社会科学研究所長の不破哲三さんが質問に答えてこんなことをとくとくと述べているのを見て、すっかり呆れはててしまいました。

＊　＊　＊　＊　＊

――マルクスは、資本主義の危機が19世紀に起こると言ったそうですが。

不破さん　21世紀における資本主義の矛盾は深刻です。資本主義が引き起こした究極の災害とも言える地球温暖化、そしてケインズ主義や新自由主義が破綻した

共産党の時代が来るまであと100年かかる⁉

31ページからのの記事でも説明しましたように、共産党が将来展望する社会主義、共産主義の社会は、経済が計画的に営まれ、失業も貧困もない社会だとしています。

※5 **パラサイトシングル**
パラサイトとは「寄生」という意味で、学校卒業後も親や実家の家族に頼って生活している独身者を指します。独り立ちできる収入があっても、親に世話を受けているのであればパラサイトシングルといえます。

※6 **首都圏青年ユニオン**
派遣社員はもちろんフリーター、パートタイマー問わず加入できる、首都圏に働く20代、30代の若い世代のための労働組合です。他にも非正規雇用の人が加入できる労働組合はあります。

ことも明らかです。世界で完全な社会主義を実現した国はまだありませんが、21世紀はかなり勝負のつく時代でしょうね。

——今度はホントに？

不破さん　完全に、とは言いませんよ。私たちの党の綱領で、21世紀は発達した資本主義国で、社会主義が問題になる時代であるとの見通しを立てました。まあ、今世紀の終わりに何と言うかは分かりませんが（笑）。

＊　＊　＊　＊

なんと、21世紀は「社会主義が問題になる時代」だというのです。でも、まだ21世紀は始まったばかりですよ⁉　不破さんは何年先のことを言っているのでしょう？　競争が基本の資本主義社会では、今日労働現場で発生している問題は、形を変えながらずっと継続します。

その解決の処方箋として示されるのが社会主義なんですが、同じ記事で「私も私たちの党も、日本におけるマルクスの後継者に達したい」なんて自負している〝共産党最高の頭脳〟があと100年くらいの間でようやく「社会主義が問題になる」と言っているんです。ワーキングプア、プレカリアートのみなさん、その頃、何をされていますか？　少なくとも不破さんや私はお墓の中に入っているでしょう（笑）。

こんな党に将来をかけるなんて愚か

かつて日本共産党は、「70年代のおそくない時期に民主連合政権実現を」など、国民の状態をふまえて時間決めで政権獲得への目標を示し、改革についても他の政党や団体が一致できる目標を「革新三目標」などにまとめて大同団結をよびかけました。

しかし、今の不破さんに率いられる共産党は、シコシコと19世紀の巨人・マルクスの言葉をあれこれ解釈しながら、「21世紀のうちには、社会主義が問題になる」と誰も見て確認できないような夢を見て自分をなぐさめているような党です。

こんな党に自らの将来をかけるなんて、愚かしいですよ。誰かヒーローのようなものをあてにするのではなく、自分たちの手で、仲間と手を取り合って困難に立ち向かうことこそ、プレカリアートに求められているのではないでしょうか。

そして対立する人々とも大いに対話して生活や労働の問題、社会全体の問題に取り組み、改善の展望を切り開いていくべきです。そうしたプレカリアートを含む国民の大きな運動が起きてくれれば、共産党も後からしずしずと付いてきます。

きっと、「共産党がワーキングプア問題

に先頭に立って取り組んだ」と一生懸命に宣伝しながらね（笑）。

何でも外のせいにする傾向がないか？

いい悪いは別にして、日本の労働者は世界的に「質が高くまじめに働く」「技術スキルが高い」と評価されてきた背景には、日本的な職場習慣とシステムがあります。

新人に初めから何でも技術を教えるようなことはしない。簡単な作業をしてもらいつつ、5～10年かけて一人前の専門労働者に育て上げるという仕組みが確立しています。先輩に人間関係の面でも揉まれながら、仕事全体を見渡して自分の分と役割を理解して働ける、熟練した働き手に成長させるのですね。

どうも、こういう日本の優れた人材育成のシステムからドロップアウトしてしまう若者や、〝自分探し〟をしながらお気軽なアルバイトに行き着いていく人が多いと感じる時があります。

共産党員でなくなった今でも私は、いろんな人から労働に関する相談を受けています。もちろんプレカリアートのような立場の人から、「給与が約束と違う」「拘束時間が長すぎる」といった悩みを聞かされます。

こうした相談を受けるとき、気になるこ

とがあるんですよ。こうした相談をしてくる人たちは、まず自分で何かやってみることもしないで、まったく〝お知恵拝借〟〝お任せ〟みたいな姿勢でいる人がほとんどなんですね。

社会の状況や自分が置かれている境遇についても、「学校では、そんなこと教わらなかった」とか、「自分の能力を生かせるような仕事がない」なんて、何でも外《ほか》のせいにする傾向が強いですね。**志位さんの国会質問でのセリフ**※7じゃないですけれども、「選択したんじゃない、正規雇用がないから派遣労働を余儀なくされる」なんて思っている人がほとんどです。

「正規雇用がないから派遣労働」はホントに正しい?

でも、私はいろいろ相談に乗って親しくなった会社の経営者の方々から、こんな話も聞いているんです。

「自動車整備業界では、新人で入ってくる若者はたいてい3ヵ月、よくても半年くらいで辞めてしまう。暑い中、寒い中で屋外作業があったり、事故処理で夜間出動したり、果ては日曜日に休みが取りにくかったりがいやだっていうんです。

だから慢性人手不足。海外からの技術研修生でも入れなくては、簡単な作業も滞っ

※7 **志位さんの国会質問でのセリフ**
「もっぱら日雇い派遣で生活せざるを得ない人々は、ほとんどが望んでその仕事についているわけではありません。正社員の就職ができない、リストラにあった、当座の生活費すらない。そういうさまざまの理由から、日雇い派遣を選ばざるをえないんですよ」（08年2月8日の衆院予算委員会での志位和夫委員長の発言から）

てしまうし、何より心配なのは後継者がいなくなることです」

「魚市場ではこの春、新人5人が入ったけど、2ヵ月で3人も辞めてしまった。朝早いのがつらいとか、魚が生臭くて体に臭いがつくとか、果ては立ち仕事がつらいとか……。仕事ってそんなに楽なものって思っているんですかねえ？」

一方、こういう話を聞いた職場で「辞めたい」と言っている青年からも話を聞いたことがあります。こんな話をしていました。

「自分の希望を考えたり、能力を評価したりしてくれない。早く自動車整備士の免許をとって一人前になりたいのに、何ヵ月も簡単な作業ばかり与える。

結局、単純労働でコキ使うつもりなんでしょ？」

経営者、労働者にはそれぞれ言い分があります。しかし、どちらかというと、青年労働者の話を聞くと、「甘いなあ」と感じてしまうのは私も歳をとったからでしょうか？

人や共産党をあてにせず未来を切り拓こう

私の見方は、おそらくかなり一方的です。いろんな生き方、働き方があっていいと思いますが、いまある自分を取り巻く現状を全て自分以外のもののせいにしていいはずはないと強く思っています。そして、こんな考え方をしている人たちが、社会はおろか自分の回りの環境も積極的に変えていけるとは思えません。

　まして「共産党が躍進すれば、助けてくれる」的な望みは、共産党自体の思想や考え方から見てもあり得ないのです。共産党は「自覚的な労働者階級の運動」を組織し、それで社会と歴史を変える党なんですからね（最近の日本共産党は、そんなこと言っていないかもしれませんけれど）。

　こうした考え方の私には、共産党が政権を取ったとしても、不満だけ言っていたワーキングプアに、望むような状況が与えられるとは思えません。世界の労働者の歴史を見ても、たとえばフランスで長期のバカンス（休暇）制度が実現したのは労働者全体が激しいストライキ闘争に取り組んでのことです。

　歴史は、苦労をいとわず主体的に闘い努力する人によって切《き》り拓《ひら》かれてきたのですよ。

特別寄稿

私が日本共産党に愛着を感じない理由

佐藤優
作家・元外務省元主任分析官

写真＝松山勇樹

（さとう・まさる）1960年、東京都生まれ。同志社大学神学部卒業。同大学院神学研究科修了。85年外務省に入省。旧ソ連時代の88年からソ連崩壊後の95年までモスクワの日本大使館に勤務した。国家と宗教、イデオロギーを論じる中で共産主義について触れる機会も多く、『私のマルクス』『甦る怪物―私のマルクス ロシア篇』『国家と神とマルクス』などの著作がある。

日本共産党は、独自の魅力をもつ政党だ。それは、共産党が単なる政治信条や利害関係で結集した政党を越える「何か」をもっているからである。

それは日本共産党が世界観を基礎にする組織であるからだ。言い換えるならば、共産主義思想のために命を差し出す気構えがある人々によってつくられた本質的に宗教性を帯びた組織だからである。

保守陣営の政治家、学者、ジャーナリスト、作家でも共産党経験をもっている人々は多い。日本共産党員は、現在約40万人だが、かつて共産党員であった人々は百万人を軽く越えると思う。これに共産党の青年組織である日本民主青年同盟に加盟したことがある人々を加えれば、その数は数百万人に及ぶであろう。

本書は、共産党の専従（専従職員）を長くつとめ、共産党の内情に通暁した篠原常一郎氏による「非共産党員のための日本共産党学入門」である。また、日本共産党政策委員長（党内序列第4位といわれている）をつとめた筆坂秀世元参議院議員が監修している。篠原氏も筆坂氏も現在は共産党を離れているが、決して、日本共産党に敵対する立場をとっているわけではない。篠原氏や筆坂氏と話していると、共産党に対する「愛情」と表現するのが恐らくいちばん適切であるような「想い」を感じる。

それは、私が日本外務省に対してもつ「想い」とどこかでつながるところがある。人生の歯車がきちんと回っていたならば、篠原氏もいまも日本共産党の幹部にとどまり、私と胸襟を開いて話すことなどなかったと思う。

革命家の目には、普通人には見えない別の世界が映る

ところで専従とは、ひと昔前の言葉でいえば職革（職業

革命家）である。身も心も革命のために捧げる決意がなくては専従にはなれない。専従の経験がある人には、世の中が他の人々とは違って見えてくる。

このことを理解するため、いま爆発的なベストセラーになっている村上春樹氏の『1Q84』の記述が参考になる。美貌のアサシン（殺人請負人）の青豆は仕事（もちろん殺人）現場にタクシーで向かうが、首都高速道路の三軒茶屋付近でひどい渋滞に巻き込まれてしまう。そこで路肩に降りて、非常階段つかって地下鉄に乗ることにした。タクシーを降りるときに運転手が奇妙なことを言う。

〈運転手は言葉を選びながら言った。「つまりですね、言うなればこれから普通ではないことをなさるわけです。そうですよね？　真っ昼間に首都高速道路の非常階段を降りるなんて、普通の人はまずやりません。とくに女性はそんなことをしません」

「そうでしょうね」と青豆は言った。

「で、そういうことをしますと、そのあとの日常の風景が、なんていうか、いつもとはちっとばかし違って見えてくるかもしれない。私にもそういう経験はあります。でも見かけにだまされないように。現実というのは常にひとつきりです」〉（村上春樹『1Q84〈BOOK1〉』新潮社／2009年／23頁）

このときから青豆には、月が2つ見えるようになる。他の人々と世の中が違って見えるようになるのだ。

共産党を体験をした人だけが持つ磁場がある

命を差し出す気構えをもつ思想に触れた人は、その瞬間から、価値基準が変わってしまうのである。専従でなくとも日本共産党と本気でかかわった人は、磁場が多くの人々と異なってくるのである。そのことを、私が親しくし、尊敬する作家の宮崎學氏から学んだ。宮崎氏は、早稲田大学法学部に在学中、民青同盟の実力(ゲバルト)部隊である「暁行動隊」の隊長をつとめた。そして、各大学の紛争で、宮崎氏が指揮する「暁行動隊」は全共闘や新左翼の活動家を蹴散らしたのである。1970年代初頭に宮崎氏は日本共産党を離れた。しかし、いまも共産党に対しては愛着をもっていることが私にはわかる。

私には日本共産党に対する愛着はまったくない。その理由は2つある。

第1は、マルクス主義解釈だ。日本のマルクス主義には2つの潮流がある。主流派が、日本共産党系の講座派だ。1930年代初頭に岩波書店から『日本資本主義発達史講座』というシリーズが刊行されたが、その執筆者に共産党系の人々が多かったから講座派と呼ばれる。

これとは別に労農派と呼ばれる非主流派のマルクス主義がある。雑誌『労農』への寄稿者が中心となって講座派の学者と1930年代に「日本資本主義論争(封建論争)」と呼ばれる激しい論争が展開された。太平洋戦争後、労農派は社会党左派を理論的に支えた。ここで日本思想の2つの鋳型が形成されたといってもいい。

マルクスにはじめて触れた高校時代――労農派に傾倒

私は労農派の方が正しいと考えている。もっともこれは、私がはじめに触れたマルクス主義が労農派だったという偶然の事情に左右されるところが大きい。私は高校生時代にマルクス主義に惹かれた。通常、そういう高校生は民青同盟に加盟するか、新左翼系のセクト(党派)に流れるのだが、私は伯父が社会党の地方議員だった関係から、社青同(日本社会主義青年同盟）の同盟員になった。当時、社青同の名乗る組織がいくつかあったが、私が参加した社青同は向坂逸郎氏と大内兵衛氏が長い間代表をつとめた社会主義協会とほぼ一体の社青同協会派だった。私は高校生時代に社会主義協会の人々から労農派マルクス主義の基本を徹底的に叩き込まれた。この刷り込みがあるから、私には労農派マルクス主義の方が正しく見えるのであろう。

講座派と労農派の違いをひと言で述べるとこうなる。

講座派は、日本の資本主義は「特殊な型」に組み込まれて、独自の発展を遂げると考える。マルクス主義理論ではないが、日本型経営論の理論的枠組みも講座派を基本としている。講座派は、民族や文化を重視する。これに対して、労農派は、資本主義はグローバルな現象で、そこに「特殊な型」を読み込むべきではないと考える。一種の世界システム論を展開する。それだから、資本主義の運動法則だけに焦点をあてた乾いた理論を構築する。民族や文化の意義をほとんど認めない。

私は、資本主義社会を分析する理論としては労農派の方が正しいと考えるが、講座派の系譜をひく人々により多くの優れた知識人がいることは間違いない。それは、理屈を重視する労農派よりも、革命への献身を説く講座派の方が宗教的吸引力があるからだ。信仰をもつところから優れた行動する知性が誕生するのだ。

京都では学園紛争の風がまだ吹いていた

私が日本共産党に対する愛着をもたない2つ目の理由は、学生時代の体験に根ざしている。私が同志社大学神学部と大学院で学んだのは1979～85年のことだった。同時、全国的に学園紛争は終息していたが、京都では10年くらいの時差があった。特に古代に大陸から切り離されてしまったため独自の生態系を発展させた南太平洋のガラパゴス諸島にちなんで「同志社ガラパゴス」と揶揄された同志社大学では、ブント（共産主義者同盟）の流れを引く新左翼系学生運動の力が強く、全学バリケードストライキやハンスト闘争などもときどき行われていた。ちなみに神学部自治会は、ブント系とは毛色を異にしたキリスト教社会主義とアナーキズムが混在した不思議な運動を展開していた。民青同盟は圧倒的少数派だったが、立命館大学からの「外人部隊」を同志社のキャンパスに導入し、新左翼系の学友会や神学部自治会と殴り合いをしていた。それだから民青や共産党に関しては、あまりよい思い出がないのだ。

私は神学部に入って1年足らずでキリスト教の洗礼を受け、その後、社青同を離脱した。マルクスの解釈についても、労農派から宇野弘蔵の『資本論』解釈に移行していった。

ソ連で現実の社会主義社会に出会い、悪質と確信する

外交官になって、私は共産主義の本家本元であるソ連で勤務した。仕事の関係で、ソ連共産党の幹部ともつきあった。このときに学生時代に身につけたマルクス主義の知識がとても役に立った。モスクワでの生活やロシア人との交遊を通じ、私は現実に存在する社会主義（ソ連の公式理論では共産主義の初期段階とされていた）が、日本や欧米の資本主義よりもはるかに悪質であるという確信をもつようになった。それは共産主義が性善説によって構築されているからだ。性善説に基づき、理性を基準にした理想社会を建設できるという発想自体が、人間存在の悪を直視しない誤った思想のように思える。

それだから、ソ連を理想社会として描いている小林多喜

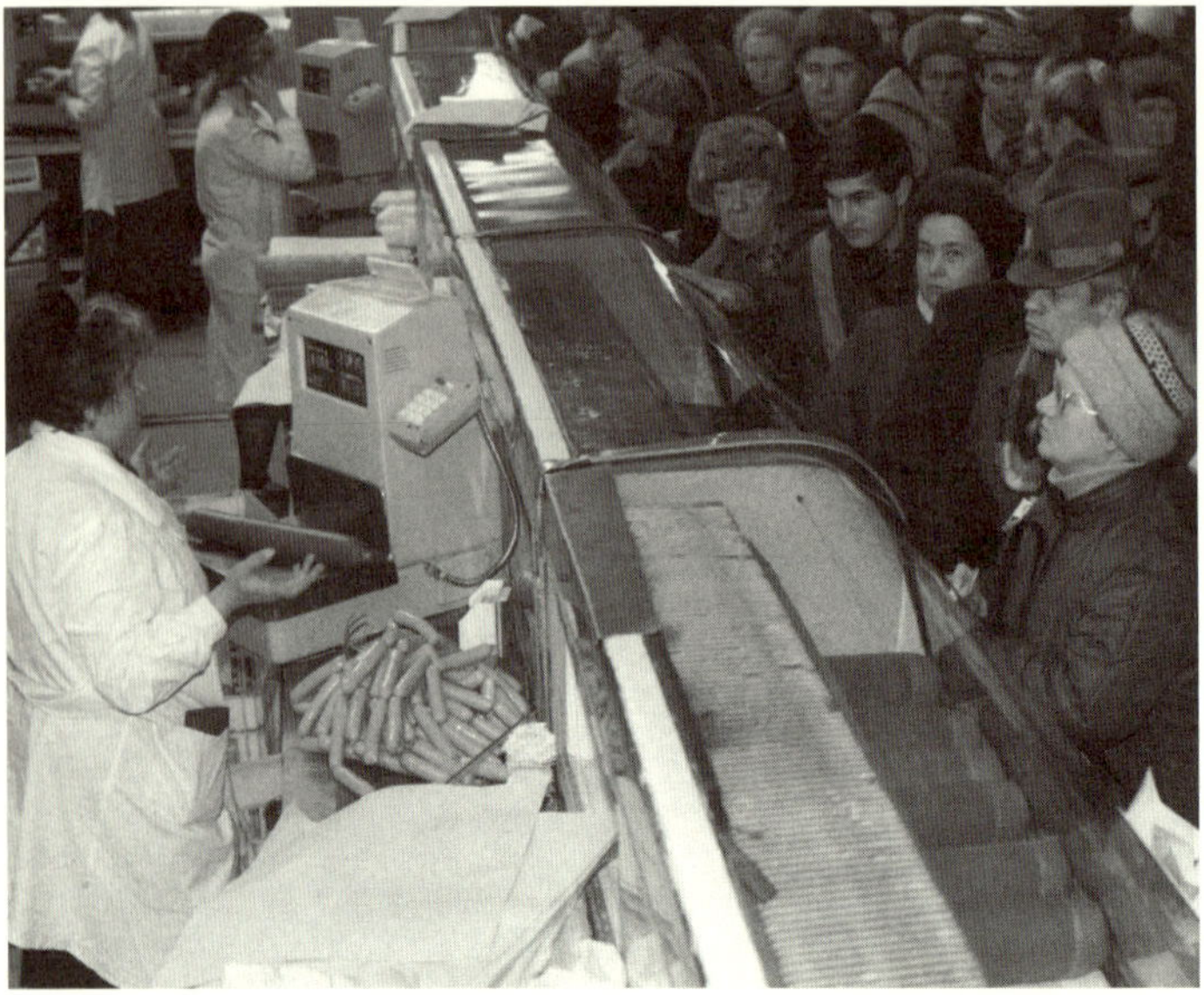

理想社会ではなかった。ソ連最末期の90年、物不足で長蛇の列を作るモスクワ市民。

二の『蟹工船』(新潮文庫他)に違和感を覚える。それよりも、希望などもてない下級船員の厳しい状況を描いた葉山嘉樹の『海に生くる人々』（岩波文庫他）の方がリアリズム文学としてずっと優れていると思う。

もっとも、小林多喜二や葉山嘉樹たちが訴えた労働者の生活を保障し、労働者に人間としての名誉と尊厳を与えよという異議申し立てには大きな意味があると考える。労働者をたいせつにすることによって、日本の資本主義体制を強化するのだ。

年収200万円以下の給与所得者が1000万人を超えているという状況が続くと日本の資本主義が弱体化する。現下日本で生じている状況は、もはや格差ではなく、絶対的貧困であることを認識しなくてはならない。日本共産党が行っている異議申し立てを、日本の資本主義を強化、発展するために活用するのだ。　（2009年9月4日脱稿）

2

疑問に答える、共産主義と日本共産党…のホント

はっきり聞くけど、日本という国をどうしたいの?

共産党の謎 08

小林多喜二の小説『蟹工船』を読めば、共産党のことがわかりますよね？

実は……『蟹工船』は共産党のことを、ちっとも描いていないんですよ。

高校の現代国語教科書でも取り上げられることのある『蟹工船』は、戦前の**日本共産党員作家**※1、**小林多喜二**※2の代表作ですね。映画にもなりました。

1920年代後半から30年頃、オホーツク海で展開されたカニ漁の中での悲惨な労働実態とそこで生まれた自然発生的な抵抗運動を描いたもので、今日の派遣労働の悲惨な実態と重ね合わせて、08年の頃からはちょっとしたブームになりました。

しかし、この小説には日本共産党は登場しません。したがって、多喜二の『蟹工船』

※1 **日本共産党員作家**
いわゆる「プロレタリア作家」のすべてが共産党員だったわけではありません。

※2 **小林多喜二**
1903年秋田県生まれ。29年に『蟹工船』をプロレタリア文学の文芸誌『戦旗』に発表。以後、プロレタリア文学の旗手として活躍する。33年、共産主義を取り締まる目的で施行された治安維持法違反の容疑で逮捕され、東京・築地警察署にて拷問死しました。

を読んでも、日本共産党の歴史の一端を知ることはできないでしょう。そもそも『蟹工船』が発表された当時、多喜二は**まだ共産党に入党していません**※3でした。

ただ、共産党の**シンパ**※4としての多喜二がどのように考えているかという内容は当然反映されています。

そして、当時はプロレタリア作家同盟というものが結成され、多くの共産党員作家やプロレタリア文学運動に参加した人たちがさかんに相互批評を行って切磋琢磨しあっていましたから、多喜二個人の考え方以上のものが作品内容に込められていたともいえるでしょう。

非民主的な弾圧国家ソ連を美化したシーンも

『蟹工船』のテーマは、戦前の日本社会の行き詰まりの中で日銭を稼ぐため、過酷な労働現場に身を投じなければならない学生や労働者たちが、不当に取り扱われる中でどのように自覚し、戦いに立ち上がっていくかのプロセスです。そして、残虐に支配する監督への恨みと反感を高めた彼らが、味方になってくれるものと思っていた海軍の軍艦と水兵たちも自分たちを弾圧する側であった現実に直面し、より高い労働者階級意識にめざめるという展開が描かれてい

※3 **まだ共産党に入党していません**
当時非合法だった日本共産党に入党したのは31年。『蟹工船』の発表は29年です。

※4 **シンパ**
思想や団体の賛同者、信奉者や支援者という意味で、同調者（sympathize）に由来します。必ずしも革新思想の賛同者だけを意味しませんが、かつてシンパといえば、共産主義・社会主義に賛同する人のことを指していました。

ます。

途中のエピソードとして、遭難した蟹工船労働者が**「労働者が主人の社会主義国」であるソ連の労働者たち**に救助され、その明るい（?）実状を知って仲間に伝えるというものがあります。作品が書かれた当時、レーニンの後継者であるスターリンは国民の中に「**反革命グループ**※5」を見出して、逮捕・処刑・投獄の弾圧を本格化させた頃です。

こんな事情は、日本にいる多喜二の知る所ではないのですが、やはりソ連の姿を事実と異なって美化するものになってしまっているんですね。

後に多喜二は特別高等警察に検挙され、数時間後にショック死するほどひどい拷問を受けました。彼が国家権力側からそんなに憎まれたのは、代表作である『蟹工船』で天皇が統帥権（総指揮権）を持っている軍隊（帝国海軍）が、弾圧者として直接描かれていたことも原因のひとつだったと言われています。

むしろ多喜二なら『党生活者』を読むべき

私は、共産党員になる前の高校生時代から、多喜二の作品が好きでした。読書好きだったんですが、本だけは親が生活の苦し

※5 **反革命グループ** 多くの場合、知識人やかつての政治的対立グループに属していた人、自立的な個人営業者や農民たちでした。

い時期にも惜しみなく買い与えてくれ、小林多喜二全集も買い揃えて読み通しました。

最近、「蟹工船ブームが追い風になって、共産党員が増えた」なんて報道されたり、そんなことを幹部党員が会議で発言したなんて話も伝わってきましたが、「そんなこと、あり得ないだろ?」というのが私の感想ですね。

だって、この小説そのものには、先にも書きましたように日本共産党は出てこないのですから、党への関心が高まりようがありません。『蟹工船』の新作映画も製作されましたが、どんなものなんでしょうか。

ロシアの漁船に蟹工船労働者が救助されたら、ロシア人船員はコサックダンスを踊っていたなんてエピソードが挿入されているそうですが、何を意図しているんだか。

むしろ、戦前の共産党や共産党員の生き方の一端を知りたいというのなら、『蟹工船』といっしょに納められている**『党生活者』**※6を読むといいでしょうね。非合法の地下活動をしながら、党の専従のような形で生活する党員がどのようにものを考え、どうやって活動していたかが、克明に描かれています。

『党生活者』では、**主人公の党員をささえる同居女性が出てきます。戦前、共産党活動家が「ハウスキーパー」と呼んだ人た**

※6 **党生活者**
新潮文庫版・角川文庫版のどちらの『蟹工船』にも収められています。

ちです。警察の目をくらまして潜伏する党員は、職業を持つ一人暮らしの女性と同棲し、一種の〝ヒモ生活〟をしていることが多かったのです。

革命の影で犠牲になる女性の姿も

『党生活者』に出てくるハウスキーパーの女性は、献身的に主人公を支えますが、共産党の任務内容や活動については、具体的には何も知りません。いまでも若い女性が自立して、働きながら一人暮らしをするのは大変ですよね。

そこに、誰かの紹介で党の地下活動家が入り込み、やがて男女の関係も持つようになって、部分的に養われもする。党から活動資金はいくばくか届くでしょうが、それは当局の厳しい監視の目を縫ってのもので、滞りがちだったからです。

この小説の中には、自分のパートナーの任務や心の奥底を図り知ることができず、細々とした収入を稼ぐのに疲れた同居女性に主人公がやさしくスキンシップをはかる場面が出てきます。その場合でも、**主人公にとって女性はあくまで非党員の〝大衆〟であって、本当の同志ではない**、何でも打ち明けて信頼し合うような仲ではないことが、はっきり描かれているのです。

これは、治安維持法で厳しく取り締まられる反体制運動だった日本共産党の活動の厳しさを反映したものですが、共産主義活動が薄幸な女性の暮らしをも犠牲にする冷酷な側面も持っていたことを示しています。多少、美化されていることがあるにしろ、多喜二の筆致は日本共産党の活動にあったカゲの部分をも暴き出しているのです。

多喜二の作品は裏面史を知る絶好の素材

利益追求の市場原理主義が猛威を振るういま、確かに若い人々の中に日本共産党に対する関心の広がりを感じます。派遣労働問題を取り上げて喝采を浴びた**志位和夫党委員長の国会質問**※7の影響もあるでしょう。物事に関心を持つにはきっかけがあり、それで何かに深く触れようとするのはいいことでしょう。しかし、それですぐに共産党を応援したり、党員になろうというのは早計ではないでしょうか。

まあ、日本共産党による**大本営発表**※8のような「党員が毎月増えている」というような言説の虚偽が、だんだん明らかになっていますから、若い人たちは簡単に乗せられないと思っています。むしろ、物事の本質に深く迫ってほしいと思います。

本書は、その手引きになればと願って書

※7 **志位和夫党委員長の国会質問**
派遣労働法の問題を政府に問い詰めた、いわゆる「志位質問」については、本書39ページより詳しく解説しています。

※8 **大本営発表**
「大本営」は戦前の旧陸海軍が設営した戦時の最高司令部。敗色濃厚になっても戦局は有利だと事実と異なる発表を流し続けたため、転じて「大本営発表」は「景気だけ良いウソの発表」を意味するようになりました。

いたものですが、多喜二には『党生活者』以外に**共産党の歴史の一端を知る上でいい作品がたくさんあります。**また多喜二の小説を読めば、共産主義活動の歴史を知ると同時に、北朝鮮ほどではないものの、言論の自由が十分に保障されていなかった戦前日本の実態も知ることができます。

創立して数年の日本共産党に対する特別高等警察による初の大規模検挙・弾圧事件を描いた作品『一九二八・三・一五』や、共産党がウラで指導していた合法政党・労農党の衆議院議員選挙の取り組みについて冬の北海道を舞台に描いた『東倶知安行』、貧困地帯に肩を寄せ合いながら生き抜く人々の群像をモチーフにした『地区の人々』など——貴重な歴史ですから、若い方にはぜひ手にとって読んでほしいものです。

それから、日本共産党から発刊されている公式の党史では描かれない在日朝鮮人の日本共産党の幹部活動家で、朝鮮総連の原点に関わった金天海の人物像を、およそ対極にある愚連隊ヤクザ出身の親分の歩みと対比させてつづった**宮崎学さん※9の『不逞者』（幻冬舎文庫）も、戦後共産党の出発事情を知る上でおすすめ**です。

※9 **宮崎学さん**
1945年京都生まれ。作家。ヤクザの家に生まれ育ち、18歳で日本共産党に入党。大学在学中は学生運動に参加、その後は地上げ屋などさまざまな職業を経験。96年に著した『突破者』がベストセラーになり、脚光を浴びました。

共産党の謎 09

共産党に入党すると、義務としてナニをしなくてはならないの?

収入の1%を納め、『赤旗』を読むことですが、果たしていない人も少なくありません。

外向きに「共産党員が増えている」と宣伝されているウラで、09年のはじめ頃、日本共産党の最高幹部のひとりが都道府県委員会の財政責任者を集めた会議でこんな趣旨の話をしています。

「ある党員を大きく拡大した党組織(県委員会)は、党費の納入率が6割前後で低迷している。『赤旗』を読んでいない党員の数も多い……。

一方、党員を増やしながら実態のない党員を整理して減らした別の党組織は、党費が7割前後となっている。——どちらも問題だ」

どういうことかと申しますと、新しく**党員がたくさん入党し**※1、党員の数が増えている党組織では、「党費の納入」を4割の党員が守らなかったということです。党費の納入は党員の資格要件の大事な柱ですから、名簿に載っている人の6割しか、党員として十分な資格を満たしていないわけです。

そして、こういった連絡の取れない人や活動をしない〝幽霊党員〟の党籍を整理し、あらたな入党者を迎えてもその差し引きで、党員数が前進していない党組織でも、3割程度の党員が党費を納めていないのです。

これは何を意味するでしょうか。

党員の4分の1が『赤旗』を読まなくなった!

日本共産党の規約は、日本共産党中央委員会のホームページにアクセスすれば簡単に閲覧することができますので、細かい条項の解説は省きまして、党員の「資格」と「義務」についてざっと述べます。

まず「資格」ですが、**満18歳以上の日本国籍を有する者で、反社会的・反市民道徳的行為をしていない者**が党の基本方針を示した**党綱領**※2と規約を認めれば、入党できるとされています。

※1 **党員がたくさん入党し**
30年くらい前の共産党の躍進時期に比べれば、まったく小さな数ですよ。

※2 **綱領**
日常生活ではあまり使わない用語ですが、英語で言うと「プログラム」。政党の綱領とは、その党が社会にどのようにはたらきかけ、どのような方向へ改革していくつもりか、その基本方向を示す政策の原点というべき文書です。

外国出身の人でも、日本に帰化すれば入党できますね。ただ、世界の共産党の中には外国籍であっても入党できるところが、かつてありました。後のベトナム大統領**ホー・チ・ミン**※3が入党していたフランス共産党や日本共産党の戦前からの大幹部のひとりだった**野坂参三**※4が入っていたイギリス共産党などが、その例です。

そして、党に入ると、党員は次の義務を負うことになります。

❶党費を納入すること（金額は実質収入の1％）

❷『赤旗』を購読すること

❸党の組織に所属し、活動すること

いろいろ細かい決まり事があるのですが、党員になってやるべきこと、つまり「義務」の大枠はこの3つの項目であらわせます。ところが、困ったことに1番目と2番目の項目がだんだんとおろそかになってきているんです。

党費を納めることとは、政治活動を営む党にとってもちろん重要なことがらです。また、購読料を払って党の機関紙である『赤旗』を読むことは、財政的に党を支えると同時に、党の方針や考え方を党員が学ぶ重要な機会ですから、共産党員であることの原点に関わる問題です。党の方針を知らずに活動はできませんからね。

※3 **ホー・チ・ミン**
1890年生まれ。ベトナムの革命家、政治家。パリでフランス共産党に入党。以後、フランスの植民地だったベトナムの独立と民族解放に尽くし、ベトナム独立後もアメリカの軍事介入で始まったベトナム戦争を指導しました。69年死去。

※4 **野坂参三**
1892年生まれ。戦前からの古参党員とし国内外で活動。戦後も日本共産党の幹部として活躍しますが、ソ連崩壊で機密文書が公開された92年、100歳の時にソ連のスパイ容疑で除名処分を受けました。93年死去。

その党費を納めない党員が3〜4割もいて、さらに日々の活動の指針となる『赤旗』を読まない人もたくさんいるとなると、党の基盤を揺るがす大問題です。

志位党委員長がマスコミに語ったところによると、現在の**党員総数は40万人ということですが、『赤旗』日刊紙はおよそ30万部前後**しか発行されていません。つまり4分の1ほどの党員は、日刊「赤旗」を読んでいないのです。

生活苦で党員たちの規律が崩れていく

党員の義務とされる大事な三つの柱のうち、二つがあいまいになっていたら、義務を果そうとする気概が党の全体から失われていくことになるのは必然です。

私は党専従になって以来、国会議員秘書に就いていた時代までいろんな地方の党組織に選挙応援で派遣され、各地の党員の方々とふれあいました。90年代後半から派遣された先で驚いたのは、日刊の『赤旗』はおろか、一般向けの啓蒙宣伝紙として位置づけている週刊の『赤旗　日曜版』も読んでいない党員が地方ではけっこう多かったことです。

この背景には、党員の高齢化がいっそう進んできたことと、不景気や地方の過疎化による生活環境の悪化があるようです。

地方に応援で派遣される党専従を**オルグ**※5といいます。私もオルグとして地方に派遣されたとき、党費を納めない党員の訪問と共に、「未購読党員」というジャンルに分類した『赤旗』を読んでいない党員のところを訪ねて購読を呼びかける活動をさせられたことがあります。

でも、「赤旗」をとっていない党員は、次のようなどうにもならない理由を述べて言い訳するのがほとんどでした。

「もうアルバイト仕事もできず、わずかな年金だけで暮らすようになって、月々数百円をどうひねり出すかという状態。『赤旗』にまでお金がまわらない」

「もう高齢で新聞活字なんか、とてもでないが読むことができない」

こんな理由を言われたら、二の句をつなげません。「そうですか。では、できることで協力してくださいね」と言って、辞去するしかありませんでした。

生活に困窮している党員については、党費の減免制度があります。だから若い人でも党費を減額したり、免除されたりしている人もいます。もちろんこういう場合、日刊で月2900円、日曜版でも月800円の購読料を払えないことが多いことは想像に難くないでしょう。

※5 **オルグ**
この場合の「オルグ」は本書61ページの注で説明したオルグとは違い、語源のオルガナイザー(organizer)に近い、"組織をまとめ上げる係"というくらいの意味です。

しかし、これではかつて「鉄の規律」といわれた共産党の組織と活動が裾野から崩れていくことにつながります。

負担が一部の党員特に若い人へ集中する

共産党は趣味のサークル活動ではないので、選挙が近づくたびに必要な資金を寄付の形で党員が拠出したり、支持者から集めたりといった活動は欠かせませんし、平常時でもビラを配布する、『赤旗』の新規読者を開拓する、『赤旗』を配達集金する、といった必須的な活動が党員の肩にのしかかってきます。

しかし党費を払わない党員や、活動の指針となる『赤旗』を読まない党員が、選挙活動に取り組んだり、『赤旗』の購読者や党員を増やす活動を引き受けるわけもないので、これらはすべて党費を払い党の支部会議に顔を出している党員たちによって担われることになります。

実は、〝党の会議に出席する党員〟という区切りをするとさらに参加者が絞られてしまうので、共産党の日常活動は表向きの党員数の2〜3割で担われているというのが実態です。

たとえば、選挙時には地区委員会が毎日、**「党員の活動参加数」を実数掌握するので**

すが、やはり党員数の2～3割がせいぜいでした。だから、若い党員がまじめに活動しようとすると、『赤旗』の配達・集金や多くのビラ配布を引き受けることになります。

大変ですよ、数十軒以上の読者の自宅を配達・集金するというのは。いつ行っても留守で、なかなか集金できなかったり、冬の寒い時期に日刊『赤旗』の早朝配達を交代でやったり……。

ビラの配布も大きな団地やマンションならそれほど苦ではありませんが、住宅と住宅の間に畑や雑木林が広がるような郊外地区、まして農村地方だと明け方から日暮れまでかかって数百枚を配布しなければなりません。雨や雪、そして夏の炎熱にさらされてのこうした活動は、かつては「日常の英雄主義」なんて言われて党中央が褒《ほ》め称えたもんですが――。

辛くともやりがいを感じられるなら幸せでしょう。でも、共産党に入ってまじめに活動するなら、こうした地道な活動をこなさなければいけないことをしっかり知っておくべきです。党の活動や『赤旗』の拡大に追われて日曜日がなくなり、世間の人との付き合いすら減ってしまい、住民運動や地域活動にも関われないという矛盾した現象すらあるんですから。

共産党の謎 10

若い人が共産党に続々と入党していると聞きましたけど、私のまわりにもいるのでしょうか？

増えた、増えた、と党は大合唱してますが、実際は大いに怪しいとにらんでいます。

私は、末端の地区委員会から**中央委員会**※1まで、事務方を含めて専従としてやってきた経験から判断して、共産党が「1万人以上、入党した」とか、「追い風だ」なんて言っているときは、あんまり党員が増えていない時期だと思っています。

60年代後半より、日本共産党は数十万規模の党になり、80年前後に党員が40万人をいったん超えてから、党員数は一進一退の停滞状態です。

地区委員会の職員をしているとき、組織実務といって傘下の党支部などに何人所属

※1 **中央委員会**
党の最高意思決定機関である党大会で選出された中央委員で構成する、党の全国的な指導機構です。中央委員からは「幹部会委員」、さらに上の「常任幹部会委員」が選出され、党の最高指導部を構成しています。実際には、数百人の党本部勤務員が役員たちの活動を補佐するために配置され、各分野を担当する部局が置かれていており、『赤旗』は中央委員会と並立する「編集局」で制作されています。「地区委員会」については本書15ページ、「支部」については23ページの欄外注記を参照。

し、何をしているのか、党費を払ったり配達集金活動をはじめ党活動に参加したりしているのかなどの実態を数字で把握する仕事を手伝っていたことがあります。年に一度は、党員としての実数を氏名と所属組織（支部名）を明記して名簿化し、中央委員会に報告していました。

「なかなか増えないなあ、でも実態のない党員を削ったから実質的には増えたのかなあ」なんて、報告をまとめるたびに思っていました。

この前、現職の専従を含む党員たちと**人目を忍んで懇談**※2しました。私と会うことは、普通の党員ならばおとがめなしのようですけど、党職員はバレてしまうと激しく叱責されたり、**左遷やひどいときはクビになったりするそうです**。でも、こっそり会ってくれる人がいるんですから、ありがたいものです。その席で出た話で、驚かされたのは次のような事実です。

「僕のところなんか、60年代以来、連絡も取れず党費ももらえないのに党籍のある人がいるよ。だいたい、党費を払わない人の7割くらいは党員の自覚がない。〝増えた、増えた〟というのは、とんでもない水増しだね」

なんでも、党に入るのも辞めるのも本人の意思だから、「本人の意思が確認できな

※2 **人目を忍んで懇談**
私（篠原）は04年に党から除籍されていますから、気を遣います。もし、現職の党専従たちが私と会ったことを知られると、厳しく査問されたりひどい時は党を除籍、除名されることもあるからです。実際、筆坂さんと一緒に飲食店へ行ったと密告された地方党組織の勤務員二人が、たったそれだけのことで除名されたことがあります。

い以上、党の籍を外せない」と上級組織の幹部が名簿から消すのを認めないそうです。当の本人はどこへ引っ越したか、わからないまま。生死すら不明です。

時代が変わり 大学生を勧誘するのも大変

最近、共産党は民主党の党首などの献金問題を取り上げたりして、「ヤミ献金や死んでいる人の名を政治資金収支報告書に載せるなんて、体質は自民党と同じだ」なんて批判しますが、自分のところの党員名簿にも生死不明の人が前からたくさんいるんですよ。これじゃ、「党員が増えた」なんてラッパを吹くことはともかく、他党の批判なんかする資格がないんじゃないでしょうか？

でも、私が学生運動をしていた時代は、けっこうな数の若者がまず民青（日本民青同盟）に加盟し、それから共産党へ入党するということがありました。党員として出入りしていたある大学では、1クラス45名のうち、民青同盟員が9人いてそのうち党員が5名なんてところもありました。当時は、多い少ないはあったものの、どこの大学にも党員の学生や職員がいましたよ。

でも今じゃ、党員のいる大学を探すのが大変なくらい。

もちろん、**東京6大学や国公立大学では、学生党員の獲得を重視しているので**〝党員皆無〟なんてところはありません。しかし、地方の党員夫婦の子弟が進学で上京して来るのを一生懸命つきとめては接近し、入党するよう説得するなど、**涙ぐましい努力で学生党支部の命脈をつないでいる**にすぎません。

党首（委員長）の志位さんが東大生だった頃は、私の学生時代よりもっと共産党の勢いが学生の中であったのですから、彼が一時手放しでマスコミに対し「（若い）党員が増えている」なんて述べているのを見て、「シラジラしいなあ」って思いました。

自分の頃とは比べものにならないくらい若者の入党が低調なのを、私以上に感じているはずだからです。

だって、いまの共産党の宣伝してる入党者数を鵜呑みにしても、青年の入党者はここ1年半くらいで**1500〜2000人くらい**※3しかいません。志位さんが青年の時代は毎年1万人以上の青年党員が入党していたんですもの。民青の加盟者が20万人以上いた時代です。

順調に増えてるはずが幹部は「もっと増やせ」

そもそも、読者のみなさんに共産党員が

※3 **1500〜2000人くらい**
「1万数千人の15％くらい」とマスコミの質問に答えていましたからね。年間の入党者「1万数千人」も公式発表ですから実数ではないでしょう。

増えた実感はあるでしょうか?

昔から近所で『赤旗』を配っていたり、地方議員さんといっしょに朝の駅頭宣伝でビラをまいたりという熱心なお年寄り党員の顔が浮かんでも、「お、最近あの若い人がいつもいるね、共産党に入ったのかな?」なんて思った人がいますか?

党員を増やしている県では党費は6割前後しか納められていない実態があると、一つ前の記事の冒頭で紹介しましたが、この発言をした党の最高幹部は解決の方向として「党員をもっと増やす」「党費納入率を上げるため、支部にも呼びかけて訪問活動を強化する」ことを提起しました。ですが、こんなことは何十年も言われ続けてきたことです。

表向きには「党員がたくさん増えてます」なんて、ニコニコ述べておきながら、党内部には「もっと増やせ」「現状は、不十分だ」というのですから、いったいどうなっているのか。はっきりしています。共産党の実質的な党勢が停滞しており、このままでは選挙で前進することはおろか、後退する危険もあるということなんです。

しかし、60年代初めに数万人規模にすぎなかった党員数が60年代後半には数十万規模に達し、それを40年間も維持してきているんだから、その間に離党した人も考えると共産党に入った人は、かなりの数になるでしょう。

官僚的な体質で離党する者が減らない

私は自分の意思で党を辞めた人間じゃないですが、党をクビになって以降、元党員という方から声をかけられる機会が多くて驚きました。党の専従だった以前ならば想像もできないくらい、けっこう多くの「元党員」がいるんだなあと思っています。

「元党員だと名乗られた方の中には、大きな会社の幹部になっていたり、芸術家や文化人、学者として成功をおさめている人もいたりします。もちろん、ひっそりと少ない年金や収入で暮らしているような方もいます。

こうした方は、現職の党員や党専従になかなか本音を話したがりません。しかし共産党をもめごとで辞めたり、辞めさせられたりした人には親近感を持ったり、**助けたいと思うのでしょう**※4。人づてをたどって連絡してきていただいたり、何かの会合でたまたま会えた機会に話しかけてきていただいたりということで、いろいろ知り合うことができました。

これらの方々が党員から元党員になってしまった理由と経過は、さまざまです。で

※4 **助けたいと思うのでしょう**

共産党にかつて所属したり、まして党職員を経験した人が、新しい就職口を見つけるのは容易なことではありません。

も、一様に言われるのは、次のようなことです。

「共産党は、言っていることとやっていることがかけ離れているからなあ。党の専従は、とても官僚的でとても冷たい。結局、唯我独尊でまわりをみんな、敵にしてしまう」

どうですか？　今の共産党にも当てはまりませんか？

たしかに、歴史的にみるなら、共産党に入党した人はかなりの数にのぼるでしょう。

でも、なぜ継続的に党の勢力が増えず、党員全体の数が足踏みしているのでしょうか

（私の見立てでは、30年以上、党員数は30数万人のレベルを行ったり来たりです）。

ここでは、多くを述べません。ただ言えるのは、現時点で「党員が増えた」「若い人がたくさん入党している」というのは、共産党自体の長い歴史を通じて見ても、あまりに事実を誇張しているということです。

大事なのは、なぜそういう誇張を共産党がするのか、その謎を考えてみることでしょう。これこそが、本書全体のテーマのひとつですね。

共産党の謎 11

えーと、共産党は過激派じゃないんですか？違いましたっけ!?

確かに戦前の共産党は過激派でしたが、今では〝過激派〟から攻撃される身分です。

過激派だなんて、懐かしい言葉ですね。最近、とんとニュースでも耳にしなくなりました。

でも、世界の歴史を紐解《ひもと》くと、旧支配体制を民衆の力や武力闘争で覆そうとした運動やグループは、旧体制支持者たちから常に〝過激派〟と呼ばれていたのです。18世紀に起きたフランス革命やアメリカ独立戦争は、常に過激派によって引き起こされたとされていたんですね。おしなべて、旧体制や植民地支配に反対して闘うグループは、過激派と見られたんです。

そう、**ウラジミール・レーニン**※1（1870〜1924）が率いる**ボリシェビキ党**※2が中心になって1917年11月のロシア社会主義革命を引き起こし、それで打ち立てられたソビエト連邦（ソ連）政府も、当時の日本の新聞では「レーニン氏らによる過激派政府」という言葉で報道されていました。

かつての皇帝※3の一家を、裁判にもかけず、無残にも処刑したのですから、天皇を中心に近代国家の建設を進めてきた日本にとっては、「労働者の国、ソ連」なんてものは過激派そのものに感じられたでしょうね。

戦前は徹底的な取締りの対象だった

こうした共産主義運動や共産革命を警戒した見方が日本にはあったため、大正時代の1922年に創立された日本共産党も戦前の日本では、**国体**※4を揺るがす過激派そのものと見られました。

まあ、実際に日本共産党は「過激派である」と言えなくもないんです。なにしろ「天皇制を打倒し、帝国主義戦争を内戦に転換して労働者の国・日本をつくる」と主張していたのですから。

だから、死刑を最高刑にした思想と過激

※1 **ウラジミール・レーニン**
世界初の社会主義国家であるソビエト連邦（ソ連）の建国者です。ボリシェビキ（※2を参照）を率いてロシア革命を成功させました。レーニンの死後、権力を継いだのがスターリンです。独裁者であったスターリンはレーニンが打ち立てたソ連式の社会主義が正統の共産主義思想だとして「マルクス・レーニン主義」と呼びました。

※2 **ボリシェビキ党**
ロシアでマルクス主義を掲げて結成された社会民主党の左派のことで、後にソ連共産党となりました。ボリシェビキとは多数派の意味で、この反対派である社会民主党右派はメンシェビキ（少数派）

団体を規制するための**治安維持法**※5が制定され、日本共産党は徹底的な取締りの対象とされたのです。『蟹工船』で知られる共産党員作家・小林多喜二が官憲によって逮捕され拷問死させられたり、**不破哲三さん**※6の前の党最高指導者・**宮本顕治さん**※7が戦前、12年にわたって投獄されたのも、治安維持法による取締りの結果といえます。

戦後、日本を占領した**GHQ**※8によって思想や結社の自由が保障され、新しい憲法の下で再出発した日本共産党は、「武力闘争か、平和的革命か」の基本路線をめぐって一時分裂した時期を除き、国会や地方議会への共産党員議員の進出で一歩一歩、改革を進める路線をとりました。

したがって、分裂を解消し、現在にまで続く議会制民主主義で政権獲得を狙う基本路線をしっかりと確立した第8回党大会（1961年）以後は、日本共産党を「過激派」と呼ぶのは相応しくなくなり、やがて世間にも認知されていきました。

過激派は共産党が大嫌い 共産党も過激派が大嫌い

一般に〝過激派〟というと、新東京国際空港の建設やその後の滑走路増設をめぐる反対運動で、ヘルメットをかぶりタオルで

と名乗っています。革命の方法をめぐり左右両派に分かれるきっかけとなった社会民主党大会で、レーニン派代表が一時多数を占めたことに由来する呼び名です。

※3 **かつての皇帝**
最後のロシア皇帝、ニコライ2世は革命直後の1918年、レーニンの命令で皇后、皇子や皇女らとともに処刑されました。

※4 **国体**
「政体」と同義ですが、近代史で「国体」というと万世一系の天皇を中心とした国家の統治体制や、天皇が統治する日本国などを指して使います。天皇制と同じ意味と取ってもよいでしょう。

マスクをして、角材（ゲバ棒）や火炎瓶を使った抵抗を警察の機動隊に挑んだ学生や、**セクト**※9と呼ばれた左翼グループの姿を思い浮かべるのではないでしょうか。

　確かに彼らは、共産主義のシンボルといえる「赤い旗」を掲げていましたし、「革命的マルクス主義」（革マル派）を名乗ったり、「中核派」というグループがいたりと、共産主義革命運動を派手にアピールしていました。

　これらの〝過激派〟は、グループによって主張するところにいろんな違いや特徴があり、路線的に対立して**お互いにテロ攻撃**※10すらかけている場合もあります。

　しかし、〝過激派〟と呼ばれる各グループに共通しているのは、議会制度を通じて多数派を形成し日本社会を**改革**※11しようとする日本共産党を「堕落した**スターリニスト**※12」という具合に非難・蔑視《べっし》していることです。

　「堕落した」というのは、「議会なんてブルジョワ（資本家階級）や帝国主義者（主にアメリカを指す）による支配の実態を隠すまやかしのシステム」なのに、そんな欺《ぎ》瞞《まん》だらけの議会を通じて「改革をすすめる」とするのは共産主義の教義から外れると、彼ら〝過激派〟は見ているからです。

　そして、レーニンやその後継者であるス

※5 **治安維持法**
1925年、社会主義・共産主義を主に取り締まるために制定された法律ですが、45年の敗戦後に廃止されるまで、宗教団体や右翼、自由主義者の取締りにも使われました。

※6 **不破哲三さん**
本書22ページの注記参照。

※7 **宮本顕治さん**
1908年生まれ。2007年没。戦前の共産党非合法時代からの共産党で活動し、戦後は共産党の最高幹部を長期間にわたり務めました。宮本さんの詳細は本書194ページをご覧ください。

ゲバ棒を構える新東京国際空港建設の反対派。

ターリン以来の中央集権的な官僚システムで党の組織を維持しているから、日本共産党は「スターリニスト」。

併せて「堕落したスターリニスト」なんですね。

もちろん日本共産党の側だって〝過激派〟を好むわけもなく、「ニセ左翼暴力集団」と彼らのグループを呼び、批判をしています。

60年代から70年代にかけては、大学に広がった学生運動の中で日本共産党傘下のグループと「ニセ左翼暴力集団」が激しく抗争を繰り広げるくらい、双方の仲は険悪でした。

※8 **GHQ**
第二次大戦に敗れた日本を占領統治した連合国軍の最高機関「連合国軍総司令部」の略称。司令官はアメリカ陸軍のダグラス・マッカーサー元帥。GHQは日本の民主化を進める一環として獄中の共産活動家を解放し、共産党の活動も認めました。

※9 **セクト**
原義は「分派」「派閥」「宗派」ですが、主に左翼運動での政治的な主義・主張を同じくするグループを指して使います。

※10 **お互いにテロ攻撃**
過激派は組織内で、または他の過激派組織への暴力行為を繰り返してきました。このような組織内

過激セクトと共産党が同根であるのも事実

とはいうものの、日本共産党と〝過激派〟の底流に共通して流れているのは、マルクスやエンゲルスを起源とする共産主義思想です。組織的な歴史を見ても、それぞれの〝過激派〟やセクトの源流には、創設時に共産党員だった人物たちが関わっています。

それは、日本における〝過激派〟が組織として生まれるきっかけになったのが、「50年問題」と日本共産党が呼ぶ党の分裂問題だったからです。先に共産党内で「武力闘争か、平和的革命か」で別れた意見の統一に成功し、今日につながる平和的革命路線が確立されたと説明しましたが、この過程であくまで「革命は現支配体制の暴力的転覆」であるとの考えを変えなかった共産党員たちが党から追放されました。

こうした暴力による革命を主張する人々が、日本共産党を批判しながら、さまざまなセクトの源流をつくったのです。

そうした意味では、日本共産党も「ニセ左翼暴力集団」も、思想的な源流をたどれば同根であることは否定できません。まあ、今日では、日本共産党を支持したり党員になることが過激派に身を投じるとみなされることはありませんから、ご安心下さい。

や党派間の暴力を「内ゲバ」とも呼びます。ゲバはゲバルト（暴力）の略です。

※11 **改革**
宮本さんの引退の後、不破さんが党内で完全に実権を握って以来、日本共産党が表明する路線から「革命」という言葉は消えてしまいました。例えば「多数者革命をすすめる」といっていたものを「多数の支持を得て日本の改革をすすめる」と言い換えたり、「革命論」は「未来社会論」なんて言い換えています。革命をやらない党になっちゃったんですね。

※12 **スターリニスト**
「スターリン主義者」の意味で、詳細は本書19ページの注記を参照。

共産党の謎 12

「前衛」って、つまりは前に立って弱者を守ってくれるってことですよね？

いいえ。党を司令部に、党員を指揮官に労働者を指導するという意味で、盾になって闘うという意味ではありません。

この「前衛《ぜんえい》」って言葉、ある世代以上の方にはなじみ深い左派の用語ですが、最近の日本共産党は使わなくなったようですね。本書を監修しているかつての党最高幹部のひとり、筆坂秀世さんによると「日本共産党で〝前衛〟という言葉が残っているのは、月刊で発行している理論政治誌『前衛』の名前くらい」だそうです。

そもそも「前衛」って言葉は**軍隊の用語**※1で、「前を衛《まも》る」と書くように、主力部隊に先立って進む精鋭部隊のことです。

この言葉を共産主義運動に持ち込み、「共

※1 **軍隊の用語**
「前衛」をフランス語で言うと「アバンギャルド」です。前衛芸術や斬新な表現をアバンギャルドと呼びますが、やはり「先頭を行く」芸術という意味から、そう呼ばれています。

産党は、労働者階級の前衛である」と盛んに宣伝したのは、ソ連を建国したレーニンです。労働者階級を資本家階級と闘う階級闘争の軍隊に見立て、**共産党は労働者階級よりも戦いのスキルも戦意も高い「斬り込み隊」**といった意味に取れます。

しかし、その後に共産党が勢いを増して存在感が大きくなってくると、自己犠牲的な使命を強く自覚した「斬り込み隊」というより、「普通の労働者階級よりも使命をより自覚し、全体を指導する司令部」といった**意味に変わってきました**※2。

レーニンのボリシェビキ党が革命に成功して「ソ連共産党」という独裁的な政権党になって以降や、日本共産党も戦前の非合法な地下活動時代から戦後しばらく経って議会を中心に闘う主義に転じてから、そうした「司令部」的な意味合いで「前衛」という言葉を使うようになりましたね。

教育のない労働者を導くのが党員だ――

レーニンの場合、前衛の意味をよく整理していました。彼は、おおよそこんなことを言っています。

「科学となった共産主義理論を労働者階級が自然に身につけることはできない。それは、労働者階級に外から持ち込まれなくて

※2 **意味に変わってきました**
敵の砲火に向かって突進していく命知らずの最前線部隊という意味から、後方の安全な地帯にいて、そこから指導するヘッドクオーターに変わった点に注目して下さい。

赤の広場でメーデーに参加するレーニン（右端の人物）。1919年。

はならない」

資本主義経済システムの歯車に組み込まれ、生活の糧《かて》を得るため毎日労働に従事しなくてはならない末端の労働者階級が科学的で体系的な共産主義の理論を学び取ることはできないから、**労働者階級の歴史的使命**※3をわかっている知識層を中心にした前衛部隊によって共産主義理論を持ち込むぞ、というような意味です。

共産主義の思想を理解できる能力のない労働者階級を教え導くのが、前衛たる共産党の役割ということで、レーニンは共産主義運動に身を投じたマルクスやエンゲルス、さらに自分の歴史的役割についても「前衛」

※3 **労働者階級の歴史的使命**
自分の労働力しか持たず、裸一貫で毎日働かなくては生活できない労働者階級（無産階級やプロレタリアートとも言います）は、資本主義体制になんら利害を持たず最も革命的な立場でその転覆をはかる運動にまい進できるというのが、マルクスたちの考えです。そのため、労働者階級は資本主義の「弔いの鐘を鳴らす役割」があるとされ、他のどの階級以上に社会主義共産主義への社会進歩を推し進める役割を担うものとされています。これを「労働者階級の歴史的使命」と共産主義思想では呼んでいます。

に位置づけているのです。

マルクスもエンゲルスも、共に労働者階級の出身ではありません。それどころかエンゲルスは資本家ですし、レーニンも貴族階級の出身です。階級的利害からいうなら、労働者階級が革命を起こして「労働者の天下」である社会主義権力をつくることは、彼らに不利なはずです。

しかし、レーニンによれば、歴史の進むべき方向を見通す科学的な共産主義の理論を認識した知識層（労働者階級出身ではない、より上級の階級の中から生まれる学識層）は、共産主義運動の前衛に身を投じるのだというのです。

この理屈が、共産主義の理論を「労働者階級の外から持ち込まれなくてはならない」という言葉の中に含まれていて、**労働者階級ではない自分たちが革命に参加する意味と共産党が前衛であるという定義を見事に結合させている**のです。

差別的なエリート意識も生み出す〝前衛〟

こうやって前衛という言葉を振り返ってみると、「労働者階級の前衛たる共産党」って、とってもかっこうよく見えるのではないでしょうか。

そう、共産党の一員になるってことは、

資本主義から社会主義、共産主義への社会進歩の道筋とその中で果たすべき労働者階級の役割を自覚し、その先頭に立ってがんばる部隊の一員になることとイコールだったんですね。労働者の党員だったら、「自分は他の労働者とは異なり、自分たちの使命を自覚した前衛なんだ」と胸を張るようになるでしょう。

でも、だいたいにおいて共産党員になる人は、素朴な疑問から職場や世の中をよくしたいと思って運動し、それを通じて共産党に接近するのが普通ですから、共産党員になると周りの人たちのためにも無私で献身的に働くようになります。

日本共産党も「まわりの労働者や住民のために献身することこそ、共産党に対する労働者階級をはじめとする国民の信頼を広げ、社会変革の事業への支持も広げられる」と党員に教育してきましたから、末端の共産党活動家の多くはまじめで、献身的に人々の困りごとの解決に取り組んでいます。共産党の地方議員さんやそのまわりに団結した党員たちが、頭の下がるくらい人助けや地方行政の改善に尽くしているのは、そのためです。

しかし一方で、普通の人から見ると「個人的な利益にならないのに」と思うような共産党員の献身ぶりも、実は「自分たちはまわりの大衆とは異なる、前衛なんだ」という一種のエリート意識によって支えられたものでもあるんです。

一般人を「大衆」と見下す風潮もある

だから共産党の古い活動家――私なんかもそうでしたが――は、党の会議では非党員の人々のことをまとめて「大衆」という呼び方をしていました。

「○○さんはビラまきや機関紙の配達集金にまじめに取り組む立派な党員なんだけど、**旦那さんは大衆なんだよな**」

共産党の中で「大衆」という言葉は、こんな使い方をしているのですよ。どこか優越意識が感じられませんか？

党組織の末端ではこんなものですけど、それが末端の党組織である**党支部**※4の上、**地区委員会**※5になってくると問題はもっと深刻になってきます。地区委員会は、党財政から給与（かつては「活動費」といわれました）を支給されて活動する党専従が中心になって運営されています。

党専従は、「党のために、人生のすべてをささげる職業革命家」とか「社会進歩の事業を担う核心的部分」なんて位置づけられています。党地区委員会の専従（地区委員長その他）から都道府県委員会の専従、

※4 党支部
「党支部」については本書23ページ下欄の注記を参照下さい。

※5 地区委員会
「地区委員会」については本書15ページ下欄の注記を参照下さい。

※6 中央委員会
「党中央委員会」については本書100ページ下欄の注記を参照下さい。

※7 常任幹部会委員
中央委員会の中でも党の最高指導をつかさどる最上層の幹部集団です。20名前後で構成。かつて筆坂さんも政策委員長だったとき、常任幹部会委員でした。この中から幹部

党中央委員会※6の一般勤務員から約20名前後の**常任幹部会委員※7**、その中から選出される**書記局長※8**や**党委員長※9**、**議長※10**（現在は空席）までのすべてが「党専従」といわれる共産党員です。

　その他に、少し境界線があいまいなんですが、地方議員、国会議員も党専従として位置づけられています。

　末端の党専従、地区委員会はもちろん、都道府県委員会レベルまでは「自分たちは普通の党員と違うんだ」「支部を指導していく幹部なんだ」なんて自分たちのことを思っていますが、『赤旗』の読者もなかなか増えず、党収入が低迷している中、大多数が給与遅配・欠配に苦しんでいます。知り合いの専従者など、**半年以上も給与が累積遅配※11**となっているほどです。私も同じでしたよ。

“前衛意識”は幹部になるほど特権へと変化し…

　中央委員会でも、年齢の若い勤務員は本当に給与が安く、「これではワーキングプアどころではない」というレベルですね。でも、少なくとも数十年以上、遅配だけはありませんでした。ベースアップは十年以上ありませんが……。

　日本共産党中央委員会の勤務員は、数百

会委員長、議長（現在は空席）、幹部会副委員長、書記局長が選出されます。基本的に毎週月曜日に定例で会議が開かれ、その内容は火曜日以降、「常幹メモ」という書面にまとめられて党中央委員会内と地方党組織の地区委員長クラスまでは伝達されます。

※8 **書記局長**
常任幹部会の指導を補佐するため、党の活動全体を見渡す部局として置かれたものが書記局で、その責任者が書記局長です。党活動のデータが集中する役職でもあります。かつてのソ連などでは書記局長や書記長が最高指導者の肩書きでしたが、日本共産党は書記局長の上に幹部会委員長や議長があって、最高権力者では

人の規模で『赤旗』記者や選挙・自治体局のような各部局の勤務員、自動車運転や最高幹部たちのボディガードをやるような部局の人たちなどさまざまな職務があります。おしなべて最近は平均年齢が高くなりましたが、平均した給与額は税込年収で400万円前後でしょうか。

しかし、これが中央委員会でも最高の幹部集団と位置づけられている常任幹部会委員となると、話が違ってきます。年収1千万円以上が保証されます。これは、国会議員も同様です（国会議員は、差額を党に寄付する扱いで実際は歳費等を全部引き渡して、党から常任幹部会委員なみの給与を支給されます）。

彼らは医療費も補助され、自己負担分は全額党負担となっています。**「幹部の健康保全は、革命運動にとって重要」**との考え方のためです。

そんな特権的な常任幹部会委員の中でも破格の扱いを受けているのは、前党議長で現在、「党社会科学研究所長」の肩書きを持つ不破哲三さんです。

不破さんは最近、「マルクスの後継者」を自認しているようで、国会議員を引退する以前から**マルクスの『資本論』**※12だのレーニンだのの著作研究に事実上専念し、それを多くの職員が手伝ってきました。**特**

ありません。書記局は総務的な役目も負っていて、重要な問題を起こした党員の調査・査問にも関わります。

※9 **党委員長**
志位和夫さんが就いているポストです。正確には「幹部会委員長」と言い、常任幹部会の中で選ばれます。いわゆる「党首」です。しかし宮本顕治さんが君臨した最後の頃から、中央委員会議長（議長）という役職が党首と同等以上の権威を持つようになり、共産党は党首が2人いるような奇妙な状態が続いてきました。

※10 **議長**
正式には「中央委員会議長」。かつて高齢の野阪参三さんが就いていた頃

別に専用自動車と運転手が配置された上で、家事の手伝いまでする自宅住み込みの職員も党中央委員会から派遣されています。

週刊誌などで何回か批判的に取り上げられましたが、不破さん側は事実であるため反論もできずに沈黙しています。こんな殿様暮らしが、なんで許されているのか。

これは、「他に変えがたい社会変革の運動と前衛党（＝共産党）の最高指導者」であると不破さんが位置づけられているからです。不破さんは、現在販売されているもので100冊くらいの著作があるそうですが、これらは**共産党の活動の一環として出版**※13されています。にもかかわらず、印税収入の大部分は不破さん自身のものとなっています。

「前衛」は弱者を決して守らない

このような事実を教えてあげると、多くの党員たちが「え、印税なんて全部、共産党に寄付しているのではないの？」と驚きの声を上げます。しかし、不破さんが**党に寄付した額**※14は08年度でたったの12万円。

一方、国会議員時代に不破さん自身が衆議院に対して自己申告した資産・収入報告書に記載された著書の印税や原稿料収入は、少ない年で900万円、多い年では

は名誉職的な意味合いがあったようですが、宮本顕治さんが党委員長から議長になってからは「党首」である党委員長の上に君臨するかのような役職になりました。06年に不破さんが常任幹部会委員に退いたため議長の職は空席になっています。

※11 **半年以上も給与が累積遅配** 地方の専従の給与はそもそもが〝安月給です。

※12 **マルクスの『資本論』** 共産主義思想の創始者であるカール・マルクスが著した資本主義を批判的に研究した経済学書です（革命の理論書ではない）。

1500万円以上になります。

志位さんは著作がほとんどないのでこんなことはないのですが、**不破さんは執筆による収入でちょっとした富豪の生活を送っている**のは確かです。

これが可能なのは、不破さんが〝前衛の中の前衛〟だからなんです。不破さんご夫妻が神奈川県の山中とはいえ、千坪以上の敷地に個人図書館を含めた豪華な山荘を建設し、そこで暮らせるようになったのも、共産党の中で蓄財が可能だった結果です。

末端の党専従たちが生活苦にあえいでいるのに、最高幹部（なんで党首を退いた人が、いまだに職員を派遣されてまで党総がかりで贅沢な生活を保障されるのか判りませんが）は、殿様暮らし——特権の合理化もここまでくれば度外れですが、少なくともいえることは、「前衛」は弱者を決して守らないということです。

不破さんにワーキングプアの気持ちなんか、わかると思いますか？

※13 **共産党の活動の一環として出版**
社会科学研究所に配置された職員たちが資料集めを手伝ったり、講演テープを起こして文章化したりするなどの作業で全面的に援助しています。

※14 **党に寄付した額**
寄付金については、5万円以上のものは全て総務省に提出される日本共産党中央委員会の政治資金収支報告書に記載されます。

共産党の謎 13

なんだか共産党は難しそう。やっぱりインテリじゃないと肩身は狭いのか？

マルクス・ボーイは過去の話。今は党の幹部でもマルクス主義の難しい本を読んでいません。

前衛についてのところでも書きましたが、レーニンが「科学的な共産主義は、労働者階級に外側から持ち込まれなければならない」と述べているように、共産主義の学説をきちんと身に着けて立派な幹部になっていくなら、やはり大学などで高等教育を受けているほうが有利だったでしょうね。

よく指摘されるように、不破哲三さんや志位和夫さんをはじめとして**日本共産党の最高幹部クラスには東京大学卒の人が多いのは事実**です。また、党中央の政策スタッフにも東大やそれに準ずるような名門大学の出身者が多かったです。

共産党にインテリの人が多いのは、やはりマルクスが基礎を据《す》えた共産主義学説が他の思想に比べて、魅力的な要素が多いからでしょうか。

マルクスの著書『資本論』の経済分析なんて、きちっと事実を積み上げていく手法ですし、その他の著作でも哲学、政治、化学から軍事分野、歴史に至る森羅万象《しんらばんしょう》をどうとらえるべきか、それなりの体系的な指針を与えてくれるものとなっています。

レーニンには、「マルクス主義は（体系的に）全一的《ぜんいってき》であるがゆえに万能である」というマルクス主義についての特徴を解説した言葉があります。**共産主義の思想と理論を身に着ければ、世の中のあらゆる事象について理解を深めこれからどうすべきか、指針が得られる**ということですね。

そんな独特の魅力に惹《ひ》かれて、学生時代から一生懸命にマルクス主義を勉強し、傾倒してしまう**インテリ**※1がかつては多かったのです。最近、私がいろいろアドバイスをいただいている民主党の相談役・元参議院議員の平野貞夫さんも、「ぼくはかつて**マルクス・ボーイ**※2で、それを心配して親父が吉田茂首相に相談し、ぼくの身柄を預けたんですよ」と言われていました。

※1 **インテリ**
学者や学識経験者などの知識階級や、高等教育を受けた知識人などを指します。語源はロシア語の「インテリゲンチャ」で、日本では略して「インテリ」として今もよく使われています。

国会議員でも共産主義を勉強をしていない

マルクス主義の文献は、『資本論』や『反デューリング論』など体系的で百科全書的な大作もあり、その思想をすべて理解していくのにはかなりの努力が必要でした。しかし、それがまた、インテリの自尊心をくすぐり、読み通してそれなりに理解したときの達成感もあったのです。

でも最近、少なくともここ10年以内は都道府県委員会以下、地区委員会の専従では、そんな傾向はあまりなかったですよ。はっきり言ってマルクスだの、エンゲルスだの、レーニンの著作を自分自身で読んでいるような党専従はほとんどいませんでしたね。『赤旗』の購読拡大や党費、カンパ集めで支部の党員を追いまわし、上の機関にごまかしながら報告をあげるのに精一杯でしたし、こんな活動はひたすら夜おそくまで休みなく駆け回るだけで、知性など必要なしですから。

党専従で少しましな場合でも、せいぜい、不破さんが書いた解説本を読むくらい。この傾向は90年代以降、顕著になりました。実際、国会議員レベルでも共産主義の勉強などする人はいませんでした。私が秘書としてついたある党国会議員（筆坂さんじゃ

※2 **マルクス・ボーイ**
戦前期から戦後のある時期まで、大学に進学した俊才たちの親は「息子が〝アカ〟に染まらないだろうか」と心配したそうです。この心配が見事的中し、大学時代にマルクス主義・共産主義に傾倒してしまった青年・学生のことを「マルクス・ボーイ」と呼びました。多くの場合、一時的な熱狂で終わりましたが、傾倒からさめない人たちが社会人になってからも共産党員として活動し、幹部になっていったのです。

ないですよ）は、私が昼休みにごく趣味的にレーニン全集の中の論文を読んでいるのを見て、**「キミは、そんな難しいものを読んでいるのか！」と驚きの声**を上げ、こっちがびっくりしたことがあります。ちなみにこの議員さん、関西の有名大学出で弁護士だった方です。

かつては女性党員の気を引くために勉強……

80年代までの共産党って、一応党員が読んで勉強すべき本（「独習指定文献」と言っていました）を決めていました。そして、支部でも「書籍係」なんて役職も配置し、マルクス、エンゲルス、レーニンの著作から幹部が書いた本まで普及させる努力をしていました。これらの本を使った勉強会も支部でさかんでした。

宮本顕治さんが党委員長、さらに議長まで務めて健在な頃は、「知は力」というスローガンで必死に旗振りし、党員や支持者に書籍購入を煽《あお》りました。民青（日本民青同盟）でも、勉強がさかんで「新同盟員教育」から「初級同盟学校」までテキストの決まった〝義務教育〟があり、さらに幹部候補生とみなされた同盟員は「中級同盟学校」を経て、完全合宿の「幹部学校」まで進むといった具合です。この過程を今日の共産党幹部（ほとんどが民青出身です）がたどって、党専従の道に入っています。もちろん、私もそう。

だから、かつては本を読んだり、共産主義の始祖たちの著作についてうんちくを語ったりすることがかっこうよいものと思われていました。若い男性党員が女性の党員や民青同盟員の気をひくために、**一生懸命に共産主義の勉強をし、インテリ面《づら》して勉強会で積極的に発言**するなんてこともよく見られました。

だから、たしかに共産党にいるということは、〝熱心に勉強する〟と同義でした。よく党外の人たちから、「共産党員は、頭のいいやつらが集まっているもんなあ」なんて声を聞いたものです。

でも今や、女性にもてる要素にインテリめいた教養なんてものは含まれないでしょうから、インテリでないことで肩身が狭いなんてことはないでしょうね。

どんどんマルクスの敷居が低くなってきた

最近、貧富の格差拡大などの事態で「ポスト資本主義」が話題になり、マルクスの思想が見直されるようになりました。こんなことは、過去数十年の間にも一～二度はあったように思いますが、マルクスに関する書籍がここ1年くらいの間にかなり出版されましたね。そうした点で、小泉純一郎さんは首相として**新自由主義政策**※3を徹底的に推進しましたから、〝革命的役割〟を果たしたと天国のマルクスから感謝されるべきなんでしょうか（笑）。

最近の〝マルクス本〟は、平易なのが特徴です。それでいて、かなり忠実かつ正確にマルクスの考え方を伝えています。あんまり言うと個人的うらみと思われるかもしれませんが、政治状況によってコロコロ内容を変えちゃう不破さんのマルクス本は信頼できませんよ（笑）。

例えば最近よく売れている本に、『超訳「資本論」』（的場昭弘著／祥伝社新書）があります。新書一冊で、マルクスの大著『資本論』の基本的内容が平易に理解できるというスグレものですね。

こんなものがどんどん、身近に現れているのですから、マルクスの思想を勉強する上での敷居は俄然、低くなったといえます。「オレはインテリじゃないから……」なんて縮こまらないで、ぜひこういうものを読んでみましょうよ。

党の方針をマルクスが裏付けているわけでない

ちなみに、マルクスは資本主義から社会

※3 **新自由主義政策**
規制を極力ゆるやかにし、競争を促すことで経済を発展させようという、民間活力を重視する政策です。国が担ってきた社会保障や福祉を縮小し、自己責任に任せることから弱者の切り捨てにつながりやすく、貧富の差の拡大を招く政策です。

主義、共産主義への歴史の進歩は必然だと資本主義システムの緻密な分析から仮説を立てていますが、その道筋は必ずこうでなくてはならない、などと決め付けてはいません。

つまり、共産党が目指したり主張している方針とマルクス以来の共産主義学説が必ずしも合致しているわけではなく、共産党の主張の正しさをマルクスが科学的に裏付けているというわけでもないのです。

不破さんなんか、マルクスが情勢に合わせて述べた推論を引いて、「マルクスは初めから議会を通じての革命を主張していた」なんて決め付け、日本共産党の**路線の正当性を最近主張**※4しています。

臨時に大金が入った際、武力闘争のために大量の武器購入を行ったのが、マルクスなんですけれどね。

とかく政治の事情で都合よく部分的に引用したりされた言葉を鵜呑みにすると、マルクスの思想とはかけ離れた内容を「マルクスの共産主義だ」と理解してしまうことになりかねません。

もし、あなたが共産党員となってマルクス思想を勉強するときは、注意すべきことです。

※4 **路線の正当性を最近主張**
この主張は09年の週刊誌『サンデー毎日』の中曽根元首相との対談でのことです。

共産党の謎 14

共産党にいる若い人はどんなことをしているの? 恋愛はできますか? 女性の活躍は?

同志の男女が集うので、恋愛には絶好の環境です。先頭に立ってがんばる女性も多いですね。

志位委員長は08年ころ、手放しでこんな話をしていました。「若い人がたくさん共産党員に入党している」と。これが事実ではないことを、**別のところでも書きました**※1。

実はここ十年くらい、共産党内における若い人の比率が極端に減りました。その一方で党員全体の高齢化が進み、平均年齢が60歳以上という笑えない現実が生まれています。たとえば党の末端組織である居住支部などですと、『赤旗』の配達集金やビラの配布活動が困難になってきますね。

※1 **別のところでも書きました** 本書100ページからの記事を参照下さい。

こんな状況の支部に若い人の入党者がポンッと入ってくると、『赤旗』配達とかビラ配布の活動が集中して押し付けられるようになるわけです。もちろん、選挙で支持を呼びかける電話かけなんかもですね。

　こうなってしまうと、「ああ、空いている時間は全部ビラまきや配達にとられて、何も楽しいことがない」と若い党員は悩んじゃって、それが高じると活動しなくなり党を去ってしまう。そんなことがかなり見られたのです。

　党中央もこりゃあいかん、ということで妙案として考えだしたのが「若い党員は、地区委員会や県委員会全体でつくる『青年支部』に所属させよう」という方針です。**共産党が考える青年とは、だいたい18歳から35歳くらいまで**でしょうか。

　いわば、青年は都道府県委員会や地区委員会の直轄部隊にしようというわけです。選挙になると「○○地区青年後援会」なんて看板や腕章を持ち出して、街頭での宣伝やビラまきをやっている、あれが青年支部の党員ですよ。

バーベキュー会などの行事を開催して交流

　もちろん、大事な〝働き手〟を奪われる一般の党支部では、中央委員会が「青年支部に若い党員を所属させる」としたことに反発しましたねえ。**「誰がビラ配りや配達集金をやるんだ」**って。

この問題は、「青年支部に所属している党員は、居住地や職場にある党支部の活動に協力する」という方針で一応解決したことになっています――実際はそんなに上手くいっていませんが。

だって、居住地や職場の党支部が青年党員に「今度、ビラ配ってよ」とか、「○月△日にある職場集会に参加して」と要請しても、「その日は青年支部の活動があるから」と、ていよく断られてしまう口実になるからですね（笑）。

それに、各地の若い党員が青年支部に集中して所属することは、本人たちにとっていいことがあるんです。〝出会い〟ですね。

そう、恋愛のチャンス！

最近の若い党員というのは、党中央の思惑に反して（笑）、外から新しい人が来るというより両親とも熱心な党員という家庭の出身者が多くなっています。だから、ますます青年党員が〝希少種〟になるのですが。

そんな数少ない新人党員がいままでのようにバラバラに党支部へ所属されて、おじさん、おばさんの中でポツンと活動するよりも、若い仲間が大勢いて、それも異性もいるところで活動するほうが楽しいに決まっています。だから、**けっこうな数のカップルが誕生していますよ。**

同じ目的、同じ考え方でまじめに苦労するんですから、心も自然に結ばれていくんですね。まあ、そんなわけで青年支部は「バーベキュー会」だの、ハイキングのようなお遊びの行事もよく企画されているようです。筆坂さんが見聞した青年支部は、なぜか「手芸サークル」のような場になっていて驚いたそうですが。

でも若い党員ならではの苦労もあります。だいたいにおいて、党員であると同時に民青（**日本民主青年同盟**※2）に所属させられるからです。

民青同盟と共産党の〝二足のわらじ〟で大忙し

民青は原則として15歳から25歳までの青年で構成される「日本共産党のみちびきを受ける青年の自主的大衆組織」（「なんのこっちゃ？」と思いませんか）です。30年以上前は20万人くらいの勢力だったのですが、現在は数万人程度の加盟者数で推移しているようです。

この組織は名称の通りに青年のための団体で、中年は入っていられませんから（笑）、常に〝卒業〟があり最低その分は補充しないと組織がなくなっちゃいます。そ

※2 **日本民主青年同盟**
本書16ページの注記も参照。

こで若い党員はみな民青にもダブルで所属させられるし、だいたい事情が許せばというか、民青も活動に担い手が欲しいので25歳では脱退させず、普通は30～35歳まで民青同盟員として活動させられてしまう。

これが大変なんですよ。まず顔を出さなくちゃ行けない会議が、共産党と民青それぞれにある。ふつうの党員の倍の会議数ですよね。

それから民青は「自主的大衆組織」ということで、財政面は独自会計。同盟員が毎月払う同盟費と週刊の『民主青年新聞』『われら高校生』という機関紙の購読代（もちろん、配達も自分たちがやるんですよ）と、年末やお盆の時期の寄付活動で民青の財政はまかなわれています。

指導をうけるルートが共産党からと民青からの二重で、おまけに金銭面や時間的な負担も二倍。私もかつてそうでしたが、**ともかく民青の活動というと、結局「カネ、カネ」「拡大、拡大」に終始していてうんざり**でした。

『民主青年新聞』なんてつまらない内容だから、まわりにお義理でとらせてもすぐにやめるか購読料が滞るし、『われら高校生』はおもしろいけど高校生が読者で配達も集金も乱れ気味。

結局、民青同盟員の拡大と金銭的な穴埋

めに追い回されることになります。

幹部の若い人への配慮の無さには腹立しいかぎり

だいたい以上が若い党員の置かれている現状です。選挙でビラまきしている「青年後援会」（まあ、滅多にいませんが）を見ると、どこか暗くありません？

けっこう、疲れているんですよ。お金もあまりないから、お腹をすかせてビラまきや宣伝をしていることも多かったです。

夜になると、支部会議や民青の会議、またはお金集め。住宅地域などへのビラ配布も別口で頼まれていたりして、クタクタの青年党員がよくいました。

でも、こんな時にがんばりを示すのが、若い女性党員です。アナウンスも積極的にこなし、ビラまきでも何でも先頭に立ちます。こうした若い女性党員の奮闘に男性の党員たちは引きずられて、何とかがんばるという状況もよくみられたと思います。

私は候補者や国会議員について、サポートしてまわっていましたから、「青年後援会」がクタクタになりながら、選挙の宣伝をしている場面にしょっちゅう出会いました。こうした場合、候補者の食事費用として持たされていたお金を使って、青年党員たちに飲み物やドーナツなどのおやつを差し入れていました。そうすると、いっしょにいる国会議員や党幹部が気遣ってくれたと思ってくれて、女の子なんか目に涙をためて「本当にありがとうございます！　うれしい」と言ってくれました。

筆坂さんは自分がそんな場面を見ると、私たち秘書に「なんか差し入れてあげようよ」と指示していましたね。残念ながら、そういうやさしさを持った党幹部はあまりいませんでした。

そういう時、私は**「青年党員は奴隷じゃないんだから、せめて飲み食いくらいは配慮しろよ」**と地元の都道府県委員会や地区委員会の幹部の配慮の無さに腹立たしく思いました。自分たちが最大の苦労をしていると思っているから、人のつらさや痛みがわからんのですね。

中年ばかりで頭の固い青年学生対策委員会

ちなみに日本共産党には中央委員会から都道府県委員会、地区委員会まで、それぞれに「青年学生対策委員会」という部署が置かれています。

若い人たちの中でどう党の影響力を拡大するか、青年党員をいきいきと活動させるにはどうしたらよいか検討し、方針を提案するところです。

ところがこの委員会、**メンバーはいまや40歳以上から50歳前後の幹部ばかり。**とても青年の気持ちなどわかりそうもない世代の連中です。

たいていは、若い時に民青の専従幹部をやった経歴を買われて抜擢されているんですが、こうした連中は党専従の中でも「わからんちん」が特に多い。若い時代から共産党のいいなりの〝ミニ官僚〟として育ってきたから、頭も固いんです。

私が党の現職だった時代、「あんたらに若者のことなんか、わかるもんか」と冷やかしたら、怒ること、怒ること（笑）。こんな幹部たちに指導される青年党員が苦労し、くたびれてしまうのも仕方ないだろうなあと思っていました。

まあ、あんまり忠実に指導に従わないで、若い人は自分たちの好きなように創意を発揮していけばいいんですが、やはり党と民青の〝二足のわらじ〟は手かせ、足かせになりますね。悩ましいところです。

共産党の謎 15

いったい、いつになったら政権を握るのですか? 私が生きている間に共産主義になります?

とっくの昔に実現していたはずだったのですが……もう無理かもしれません。

本書を監修してくださった筆坂さんによると、自分たちが若い党員だった頃といいますから、60年代後半から70年頃のことでしょうが、「共産党が参加する民主連合政府が近い将来できる」と本気で思っていたそうです。だから**「高いローンを背負って家を買わなくても、勤労者には低家賃で良質な住宅が保証されるだろう」**と考え、マイホームを買うか買わないか真剣に悩んだそうです。

民主連合政府というのは、社会主義・共産主義の政権ではありません。日本共産党が「革新三目標」に一致できるすべての党派と作る連合政権で、資本主義の枠内で改革を進める政治を行うとしているものです。

革新三目標とは、次のようなものです。

❶米軍事同盟と手を切り、真に独立した非核・非同盟・中立の日本をめざす

❷資本中心、軍拡優先の政治を打破し、国民のいのちと暮らし、教育をまもる政治を実行する

❸軍国主義の全面復活・強化、日本型ファシズムの実現に反対し、議会の民主的運営と民主主義を確立する

まあ、いま見ると共産党の手前みそみたいな主張のようですが、60年代末頃は、旧社会党（現在の社民党）や公明党まで「護憲」の立場でほぼこれと同じ主張を国政の場でしていたんですよ。マスコミでも**保・革対決**※1が国政、地方政治の軸とされていましたから、民主連合政府は実現の可能性は大いにありそうに思えたものです。

社会党や公明党と喧嘩して政権に届かない

特に70年代前半には日本共産党が衆議院で大躍進しましたから、マスコミは「共産党政権が出来たら」なんて記事を載せたりして、さかんにもてはやしたものです。

しかし、どうもその後がよくなかった。

※1 **保・革対決**
自民党を中心とした保守と社会・共産軸の革新側との対決。

地方の首長選挙などでは、社会党との「社・共共闘」（これに公明党が加わることすらありました）で勝利を重ねたりしたんですが、国会ではまったく共闘らしいことが出来ない。公明党はもとより、社会党とも結構いがみあっていたんですね。

　国政レベルで自民党の政治を転換しようというような**統一戦線**※2が、まったく生まれない。74年に公明党の母体である創価学会と共闘しようとした**共創協定**※3が結ばれましたが、翌75年には失敗に終わり、逆に公明党と共産党のいがみ合いは抜き差しならぬものとなりました。

　この「共創協定」で日本共産党は布教の自由を含む信教の自由を未来永劫にわたって尊重し守るとし、双方は平和や民主主義など協力できる課題で対話し、手を携えていこうと約束していました。しかし締結後、すぐに公明党側から「日本共産党は改憲勢力だ」との批判キャンペーンが始まり、共産党側は「（創価学会メンバーが）宮本委員長宅を盗聴した」との暴露反撃を展開して反故《ほご》になってしまったのです。

　80年には公明党と社会党が共産党はずしを前提の協力協定（社公合意）を結び、社会党との仲も決定的に悪化してしまいます。

　この騒動の中で、79年秋の総選挙で日本共産党は41議席に大躍進したものの、社公

※2 **統一戦線**
他の党派との共闘のうち、共産党は持続的共闘を「統一戦線」と呼んでいます。

※3 **共創協定**
反核や世界平和の追求、民衆の生活向上をめざすといった点で、日本共産党と創価学会は同じ理想を掲げていると考えた作家の松本清張さんが、双方の指導者である宮本顕治さんと池田大作さんとの間を取り持ち、会談の末に75年に締結された協定です。

合意と同じ年の初夏に行われた衆参ダブル選挙で大後退を喫してしまったのです。共闘する野党もなくなり、議席が大きく後退して「民主連合政府」実現の夢も遠い彼方のものとなってしまいました。

逆境をバネに党勢を拡大した時期もあった

その後は、国政選挙があるたびに獲得議席数は増えたり減ったりの繰り返し。党勢は一進一退で推移しました。

こうした状況を受け、日本共産党で最も権勢を誇っていた宮本顕治党委員長（当時）は、日本共産党が野党共闘から外されて後退し、保守政治が大きく力を持った状況を「戦後第二の反動攻勢の時期に直面した」と特徴づけました。

なんで「第二」かというと、40年代末から50年にかけて当時敗戦後の占領状態の中で**共産党員の公職追放**※4、一般職場からも党員の放逐が大々的に展開された**レッド・パージ**※5を「戦後第一の反動攻勢」と同時に定義したからです。この辺が文学的センスのある宮本さんのうまいところでしょうね。私も、「ああ、そんなに大変な時期になったんだ」と実感した気がしましたもの。

宮本さんは、「今は苦しい時期かもしれ

※4 **共産党員の公職追放**
北朝鮮が韓国を攻撃した朝鮮戦争が50年に勃発。GHQはそれまでの民主的な政策を転換し、公職（民間の要職）から共産党員を追放しました。

※5 **レッド・パージ**
公職追放に引き続き、GHQの命令で日本共産党員とそのシンパを民間企業から強制的に退職させられる事件が起きました。パージは追放という意味で、レッド・パージを意訳すれば「アカ狩り」となります。

ないが、党の主体的力量を大きくすればハネ返せる。大いに学び、『赤旗』の購読者を広げ、党員を増やしてどんな反動攻勢にも負けない**大衆的前衛党**※6を建設しよう」と呼びかけました。

どちらかというと、それまでの共産党は少数精鋭主義的なところがあり、70年代までに数十万人の党員を擁するようになったものの、**入党はそんなに簡単じゃありません**※7でした。私自身は79年の入党ですが、入党の意思を表明しても半年間は「党員候補」として扱われ、この間に党員としてまじめに活動していると認められて初めて党支部と地区委員会の承認を得て正式な党員になれたのです。

宮本さんの示した「大衆的前衛党」とは、国民のあらゆる階層、年齢層の中に多くの党員を有し、どんな活動であっても党員としての自覚と使命感を持って取り組むという「大衆の中で活動する党」という意味でした。だから、**党員になるためのハードルを少し下げ、かわりに入党後の教育を徹底して質量の両面で党の勢いを前進させていく**という戦略をとったのです。

80年代には財政的にも余裕が生まれたが……

この宮本さんの方針は当たり、党員の数

※6 **大衆的前衛党**
「前衛」については本書113ページからの記事で詳細に解説しています。

※7 **入党はそんなに簡単じゃありません**
現在でも、共産党が国家を指導し、党員はそのエリートとされている中国では入党希望者の審査や待機期間があり、誰でも共産党員になれるというわけではありません。

がけっこう伸びましたね。私は80年代半ばから党専従になったのですが、党員数が40万人を安定的に超えたのがこの時期です。

外部発表したかは忘れましたが、一時的に48万人近くまで達したのではないでしょうか。

残念ながら『赤旗』読者のほうは、一進一退の域を出ませんでした。でも、この時期には「機関紙革命」という路線も打ち出されて、配達集金体制を抜本的に強化することが決まり、支部レベルで取り組みました。私も支部に出かけていって、配達参加党員を増やしたり、アルバイト専任配達者の組織に歩いたりしましたよ。

党員が増えた結果として、80年代末までには質的にもずいぶん良くなった時期となったと記憶しています。地区委員会にいた実感だと現在の『赤旗』部数の1・5倍は読者がいましたし、月内の期日までに集めた購読代金を100%、地区委員会から上に納入すると、地区委員会に報奨金として30万円が払い戻しされましたから、末端組織の財政もかなり改善されました。

専従に支払われる給与も、この時期は上がりましたよ。

でも、**地方議会でジリジリ前進※8**したものの、国政選挙では90年代半ばの一時期を除き、前進しなかった。**民主連合政府の**

※8 **地方議会でジリジリ前進**
現在、地方議会で議席を持っている共産党議員は全国3千人前後ですが、当時は4千4百人を超えたはずです。

展望は、いつまでたっても遠い彼方のままだったんです。

こうなると、いくら「前回総選挙時の部数よりも1・3倍、読者の陣地を伸ばせば勝てる」なんて話を聞かされても（これは、書記局長時代の不破哲三さんが言い出したことです）、〝賽《さい》の河原《かわら》の石積み〟みたいなもんで、毎月の拡大がえんえんと続く無間地獄のように思えてくる。

まるで自分自身との闘いに明け暮れる修験者のようで、国政の動向の枠外に自らを置いて孤軍奮闘していたようなものです。少なくとも、国会議員以外の共産党員にとってはそうでした。

企業や政党も100年続いたところはほぼ皆無

ちなみに最近、党幹部たちは外に向けて言いませんが、日本共産党が党綱領に掲げている共産主義実現へのプロセスは次のとおりです。

●民主連合政府（革新三目標の実現）

↓

●民主主義統一戦線政府（対米従属の完全解消と非同盟中立政策の堅持、大企業の本格的な民主的規制、権力機構の完全な民主化＝掌握）

↓

世界初の社会主義国家を誕生させたロシア革命（1917年）。
革命派兵士が「共産主義」の横断幕を掲げて行進している。

●社会主義統一戦線政府（社会主義的政策の実施、非同盟中立政策や議会制民主主義と政権交代制は維持）

←

●共産主義社会の実現

共産主義社会とは、マルクス以来言われていることですが、「能力に応じて働き、必要に応じて受け取る」という「自由と平等が真に実現された人類社会の高度な発展段階」です。ワーキングプアや派遣切りなんて、もちろん完全解消した社会ですね！

しかし、ここに示したプロセスのうちの、もっとも最初の段階の「民主連合政府」すら実現していないんですよ。

これは筆坂さんから聞いたのですが、まだ筆坂さんが党常任幹部会委員で政策委員長だった頃、**不破さんは会議でこう述べた**※9そうです。

「われわれは、21世紀の遅くない時期に共産党参加の本格的政権を実現しようと呼びかけているけど、21世紀はまだ100年近くあるからねえ……」

そして、外部からのインタビューや対談でも「21世紀中には、資本主義か社会主義かの問題が大きくクローズアップされるでしょう」というような話をしています。〝日本共産党最大の理論家〟にして〝マルクスの後継者〟（自称）である不破さん自身がこんなことを繰り返し発言している状況じゃあ、私たちの生きているうちに共産主義社会はおろか、民主連合政府の実現もおぼつかないんじゃないでしょうか。

友人が言っていましたが、どんな企業や政党も100年続いたところはほとんどない、きわめて稀《まれ》な存在だそうです。実際、身近なところを見回してもそうですね。日本共産党は、09年7月15日で創立87周年を迎えました。

私は、党中枢部のごく近くで働いた経験も踏まえて、想います。おそらく日本共産党がこのままでは、創立100周年を迎えることはできますまい。

※9 不破さんは会議でこう述べた
不破さんの〝21世紀発言〟や考えについては本書の71ページにも記しましたので、そちらも参照ください。

共産党の謎 16

共産党は自衛隊をどうしたいのでしょうか？　解体？　それとも……

憲法違反でアメリカに従属の軍隊と非難してたのですが、最近変わりました。

現在の自衛隊は、朝鮮戦争が勃発した50年に日本を占領統治していたアメリカ当局の要求に基づき創設された「警察予備隊」を母体にしています。警察予備隊は保安隊に改称したのち、54年に自衛隊として発足しました。

そして日本共産党は10年ほど前まで、この自衛隊を「憲法違反でアメリカに従属した軍隊」だと規定して、攻撃していました。

どういうことかと申しますと、警察予備隊は共産主義の旗を掲げた北朝鮮が韓国に攻め込んで発生した朝鮮戦争を受けて、日本に独自の防衛力と国内の治安維持力を持たせるために設立された経緯があります。つまり当初から、外国からの武力により直接侵略だけでなく、**「国内への共産主義勢力浸透による間接侵略を抑止する」目的を持った組織**といえます。

日本共産党は、自衛隊が生まれた過程に少なからぬ反共的な要素があったため、「アメリカの指揮下に、目下の同盟者として育成された」日本の軍事力だとして敵視してきたのです。わかりやすく言うなら、日本の防衛のための自衛力ではなく、アメリカの世界戦略と対日支配に奉仕するための従属的な軍隊と見ていたということです。

こういう見方からいえば、自衛隊は日本の防衛に役立つどころか、独立を阻害するものであり、しかも**憲法違反**※1の存在であることから、日本共産党は自衛隊の解体を主張することになります。

共産党はいずれ自前の軍隊を創設するつもり

また、日本共産党は61年に制定した綱領以来、長く「アメリカ帝国主義」とそれに従属的に同盟する「日本独占資本」を日本国民の二つの敵とみなし、「革命の対象」（支配の座から追い落とす対象——最近は、こんな明瞭な言い方をしませんし、「革命」

※1 **憲法違反**
日本が第二次大戦に敗れた後の、47年に制定された日本国憲法では前文で「戦争放棄」を宣言し、第9条でも「陸海空の戦力不保持」を規定しています。

なんて言葉はどこかに消えうせましたが）としていました。

対米従属の象徴である自衛隊は、当然、批判と攻撃の対象になるわけですね。以後、日本共産党は議会でも、「反基地闘争」や平和運動などの議会外の取り組みでも、傘下の団体と共に「戦争反対」のスローガンを掲げ、同時に反自衛隊キャンペーンを展開してきたのです。

この反自衛隊キャンペーンの中で共産党が徹底して利用したのが、「戦争放棄」の憲法とそれに結びついた日本国民の中にある「軍事・戦争アレルギー」でした。**日中戦争と引き続く太平洋戦争**※2での敗戦と原爆や空襲被害の経験から、「戦争は絶対イヤだ」「軍隊なんか持つから、ひどいことになった」との反戦意識が日本国民にしっかり定着し、この感情は今日もかなりの部分、残されています。

ところが、日本共産党は将来の見通しとして、日本に共産党参加の民族民主統一戦線政府（**民主連合政府**※3）が成立したら「対米従属の軍隊としての自衛隊は解体」し、独立国に相応しい「自主的・大衆的な組織」（90年代以降に言い出した規定）としての軍隊を創設するとしています。

だから決して、共産党は「戦力不保持」じゃないんですよ。

※2 **日中戦争と引き続く太平洋戦争**
日中戦争は1937年に始まり、41年には日中戦争を続けたまま英米など連合国を相手にする太平洋戦争へと突入しました。両戦争が終結したのは45年です。これらの戦争をひっくるめて「大東亜戦争」ともいいます。

※3 **民主連合政府**
本書138ページからの記事を参照下さい。

公明党から改憲派じゃないかとツッコミが

軍隊の保有を肯定している共産党が憲法の規定を利用して反自衛隊キャンペーンをするのは、うさんくさいやり方と言えなくもなかったのです。実際、この矛盾をつかれて70年代前半に公明党から**「共産党は隠れ改憲勢力じゃないか」**※4と非難され、「憲法論争」に発展したことがありました。

痛いところを突かれたためか、共産党はホンネを隠してますます〝護憲的色彩〟を強め、自衛隊が各地で災害訓練に参加することに反対し、〝自衛隊封じ込め〟というべき取り組みを地方議会でも展開しました。実際に自衛隊が災害出動することさえ、「憲法違反」と言わんばかりの姿勢でした。

自衛隊の諜報部隊の存在を国会や『赤旗』が追及し、「国民や革新勢力を監視する危険な〝影の軍隊〟」だとするキャンペーンが行われたこともあります。

しかし、自衛隊は日本政府の機構の中でも25万人の陣容を誇る日本で最大規模の組織です。実際は、日常の訓練を通して練成された技能を民生活動に生かして活躍し、災害出動では他に代わるもののない貢献をしていきました。

日常的にも、漁船の難破や山岳地帯の遭

※4 **共産党は隠れ改憲勢力じゃないか**
この件については本書138ページからの記事の「共創協定」も参照下さい。

難・行方不明事故の捜索、天候不良で警察や海上保安庁の救難飛行隊が出動できないとき、最も困難な状況での救難活動を引き受けているのが航空自衛隊や海上自衛隊の救難飛行隊です。毎年、何十人もの人命が救われています。

私は、共産党国会議員たちや平和運動にとりくむ共産党員たちと航空自衛隊基地を視察したとき、救難飛行隊長から人命救助活動についてヘリコプターを見せてもらいながら説明を受け、危険な任務に真摯に取り組む隊員たちの姿勢に感動しました。ふだん「基地反対」「騒音をなくせ」と言っている人たちも、言葉を失っていましたよ。

阪神大震災を契機に反自衛隊運動を止める

何より、自衛隊のかけがえのない役割が明瞭となったのは、95年の阪神淡路大震災でした。当時、社会党の村山富市さんが首相だったこともあり、「災害出動の要請や指揮権の発動が遅れて被害を拡大した」などの批判も出たのですが、ともかく出動してからの自衛隊の活躍は目覚ましいものでした。実際に第一線で救助活動にあたった自衛官の方々からお話をうかがいましたが、災害現地の部隊は十分な土木機材がない中、ともかく出動して軍手をはめただけの人力で懸命な作業にとりくんだそうです。

その後、全国から陸・海・空の自衛隊部隊が派遣され、がれきの下から生き埋めの人を救い出す活動や、避難住民への給水・給食、医療、入浴サービスまで幅広い活躍をしました。現在の若い自衛官の中には、子供時代、阪神での自衛隊の活躍ぶりに感激して入隊した人もかなりいるようです。

一方、共産党は傘下団体と共に救援ボランティアを被災地に送り込み、「派遣人員はのべ数十万人となり、自衛隊の活動を上回った」などと『赤旗』で宣伝していました。確かに建築関係の労働組合から来たボランティアや民医連の医療ボランティアは、被災住民にとって相当な助けになったでしょうが、「自衛隊なんて不要」とでも言いたげなキャンペーンに、私は当時いささか呆れていました。

ともかく、災害救援には自衛隊が欠かせないという認識が以後、国民全体のものとなりました。共産党は、それまで地方自治体が行う防災訓練に自衛隊が参加することに反対の態度でしたが、阪神淡路大震災からやや経って通達が出され、これをあらためることになりました。**「積極的な賛成はしないが、反対しない」**という趣旨でしたね。

これは大きい変化といえるでしょう。自衛隊の存在そのものを否定していた立場からの転換だからです。大震災を契機に共産党は自衛隊政策を大きく変化させたのです。

志位さんの「自衛隊活用論」で事実上の容認へ

やがて90年代の後半、日本のマスコミは**北朝鮮による日本人拉致問題**※5やミサイル発射、日本の近海を跳梁《ちょうりょう》する**不審船**※6の存在を詳しく伝えるようになりました。

その結果、国民の間に日本の主権や安全が脅かされているという意識が高まっていったのです。もちろん、経済の急速な成長を背景にした中国の人民解放軍が近代化され、増強されていったことも〝脅威〟として受け取られるようになったことも影響しているでしょう。

そんな状況ですから、以前のような「ともかく戦争反対」ではなく、「もし、日本の主権が脅かされ国民の安全が損なわれる事態が外国の行動で引き起こされたら、どうするつもりか？」という声が共産党に寄せられるようになりました。これになんと、共産党の党首である志位党委員長は次のように答えてしまったのです。

「自衛隊がある間は、自衛隊を活用するに決まっているじゃないですか。急迫不正《きゅうはくふせい》の侵略に、持っているあらゆる手段を動員するのは当然です」

※5 北朝鮮による日本人拉致問題
02年、当時の小泉首相が北朝鮮の平壌を電撃訪問。金正日と会談し、北朝鮮に日本人の拉致を認めさせました。これを契機にこれまで北朝鮮の関与に懐疑的だったマスコミや政党も北の犯罪を激しく糾弾するようになりました。

※6 不審船
北朝鮮の工作船と推定される不審な船に対して、99年、日本は初の海上警備行動を発令。自衛隊機が爆弾を威嚇投下するなど実力を行使しました。また01年には海上保安庁が東シナ海で不審船と銃撃戦を展開し、不審船が自沈する事件が起きています。

この発言は、日本共産党が政権入りするとして、自衛隊の解散が国民合意にならない時期に侵略を受けたらどうするか、というテレビキャスターの問いかけに応じてのものです。発言の正確な日時まで定かに覚えていないんですが、当時、現職の国会秘書だった私は志位さんの発言を知り、アゼンとしました。

だいたい日本が外国軍から「急迫不正の侵略」を受けるという前提がありえないからです。「弱者対強者」の**低強度紛争**※7へと様変わりした国際情勢では、大きな国家同士が正規軍をぶつけあう戦争に至る事態は想定し得ないというのが、現実です。

もう自衛隊の処遇まで考えなくなった？

むずかしい言い方をしましたが、より深刻な「テロの時代」になったということですよ。利害が対立する国に対し、いずれかの国が本格的な戦争をしかけることは、少なくとも日本が含まれる北東アジア地域では戦争を始めた国にとって自殺行為となります。冷静に考えれば、不審船だのゲリラの上陸なんてチマチマした犯罪的ないやがらせに過ぎず、これへの対処は軍事的というより警察的行動です。

ミサイルだって、それを単独で使用する

※7 **低強度紛争**
正規軍同士の大規模な戦闘ではなく、テロやゲリラ攻撃など比較的に軽装備の武装勢力を相手とする紛争。

ことが戦争の勝利につながりません。核弾頭だろうと通常弾頭だろうと、もしどこかの国が日本にミサイルを撃ち込んだら、撃った国はただちに国際社会の糾弾を受けて窮地に陥り、悪くすれば共同介入によりひどい目に遭います。

それくらいの国際秩序が出来ているのに、「急迫不正の侵略」への対処に「自衛隊を活用する」といまさら言う共産党指導部の知的貧困を痛感せざるを得ませんでした。新しい時代に合わせて、自衛隊をどう国際情勢が求める任務に適合させるかが大事なのに、という思いです。

まあ、私自身の自衛隊論は別の機会にゆずるとして、共産党が「自衛隊活用論」を言い出したことは、事実上、その機能を含めて存在意義を認めたことになります。そして、共産党が政権を握ったときに自衛隊をどうするかについて、考えなくなったというのが本質でしょう。だって146ページで触れましたように、共産党が参加する政権の展望ですら、21世紀中だなんて先の見えないことを言い出しているんですから。

まあ、自衛隊にはそのままでいてもらって、機会があったら考えましょうというところでしょう。もしくは、高い軍事費を批判するための一種のスケープゴートになってもらうとか（笑）。

国際社会と自衛隊の変化についていけない

ちなみに、今も共産党内で大きな影響力を持つ不破哲三さんも「自衛隊活用」については同じような発言をしたと思います。

「憲法違反」だ、「戦争放棄に反する」だと自衛隊を固定的に見ているうちに、時代の進展の中で立場や評価が変わってきた自衛隊について、見通しが立たなくなってしまったんでしょうね。自衛隊の陸上部隊が初めて**カンボジアPKO**※8に派遣される時には、「海外派兵反対」などと、まるで外国へ侵略に出撃するかのような批判を共産党はしていたんですが……。しかし自衛隊は国際社会が日本に求める役割の大事な部分を担い、海外でも活躍するようになり、さらに立ち位置が変化しています。

自衛隊は先にあげた災害救援活動をはじめ憲法との関連性であり方を検討するとか、ノルウェイやスウェーデンのようなPKO参加先進国の例も研究して国際貢献には自衛隊とは別の国連派遣型常設部隊を創設するとか、いろんなことを考えていくべきでしょうね。政権党になった民主党や自民党ではいろんな議論がされているようですが、共産党は自分で「活用論」を出してからどうやら思考停止してしまったようです。

※8
カンボジアPKO
PKOは国際連合平和維持活動の略称です。日本は92年に、国際協力のためにカンボジアへ自衛隊を派遣。自衛隊の陸上部隊の海外派遣はこれが初めてのことでした。

共産党の謎 17

共産党は天皇制に反対ですよね？ え、違う!?

実は不破さんの代になって、天皇や皇室に対する姿勢が大きく変わったんですよ。

戦前の日本共産党はソ連に本部をおく**コミンテルン**※1の日本支部として、当時の日本を「絶対主義的な天皇支配とその傘下で勤労者を圧迫・支配する独占資本・軍部が結合した冒険主義的な帝国主義国家」とみなしていました。

左翼特有のわかりにくい表現ですけど、簡単にいうと「天皇家が日本を独裁的に支配し、その下で大企業と軍部が結託して労働者や農民、国民を圧迫しながら海外に侵略行動に出る日本」という意味です。そして共産党はこの日本の支配体制を打倒し、

※1 **コミンテルン**
1919年3月にモスクワで創設された各国の共産主義政党をたばねる国際組織です。いわば共産主義革命の本部といえます。「第3インター」などとも呼ばれています。

人民民主主義国家をつくるという目標を持っていました。そのために労働組合や農民運動などあらゆる分野で影響力を広げながら、合法政党を通じて国会にも議席を獲得。さらには軍隊内部にも浸透し、最終的には「帝国主義戦争を内戦へ」として、武力革命による体制転覆も企図していました。

ですから、1925年には時の政府が天皇制の転覆を謀《はか》る政党や団体個人を取り締まる目的で治安維持法を成立させ、最高刑は死刑という弾圧体制を実施するようになったのです。治安維持法は、かなり広い範囲で思想弾圧に適用されましたから、数万人の人が逮捕され、取調べの際の拷問で死んだり、厳しい扱いの獄中で死亡したりした共産党員たちもいました。『蟹工船』の作者、小林多喜二も逮捕されて数時間後には拷問死しています。

天皇が出席する国会の開会式をかつてはボイコット

だから戦前期に活動を経験し、治安維持法によって弾圧された共産党員や共産党シンパだった人にとっては、天皇（特に昭和天皇）や皇室は怨嗟《えんさ》の対象でした。

しかし、宮本顕治さんが党のトップとなって議会闘争を通じ国政変革を行う路線に転換した50年代の後半頃より、天皇制を「打倒の対象にする」という方針は撤回されています。

ただ、80年代いっぱいまでは「選挙で民主的に選ばれる以外の人間が、世襲的に事実上の国家元首になるなんて、不平等で非民主的であるから、いずれ天皇制はなくなる」と党内で話されていました。このような考えは、「科学的社会主義」の学習会の際、党幹部の講師たちがよく述べたことです。

こうした立場でしたから、天皇が国会の開会式に出席し「**お言葉**※2」を述べる際、共産党国会議員は出席をボイコットしたり、地方でも皇族が自治体訪問する際も共産党議員は欠席したりしていました（例外は、共産党員の自治体首長で、彼らについては自治体代表として天皇や皇族の方々を住民・行政機関の代表として「お迎え」をすることは、党中央から「やむをえない」ということで許可が出ていました）。

実際は治安維持法で自らが拷問され、12年の長きにわたって投獄された宮本さんの個人的な嫌悪感が強く、それが共産党の皇室に対する冷淡な態度の根っこにあったのではないかなあ、といまは思っています。

憲法を守るため第1条の「象徴天皇」も容認する…

しかし、宮本さんが引退して不破さんが

※2 **お言葉**
国会では開会式に天皇の臨席を仰ぎ、天皇は「お言葉」をお話しになります。

党トップの座につくと、天皇や皇室に対する態度はさらに大きく変わりました。たしか、こんな理屈が国会での党内会議で説明されたように思います。

「現在、国政でも焦眉《しょうび》の課題となっているのは、憲法を守り抜くことだ。とりわけ第9条の規定を改定から守り抜くことが重要だが、この憲法全体を守る立場で取り組まないと、思想信条を超えて広範な共同がつくれない。

だから、**憲法の第1章で規定されている象徴天皇制についても、わが党は尊重しこれを変えることを目標にしない態度を徹底する必要がある**」

これは、常任幹部会で討議された内容を関係部局に伝える「**常幹メモ**※3」というもので読み上げられたと記憶しています。常任幹部会の定例会議にこの頃常時出席していた筆坂さんによれば、この「常幹メモ」、実際は90％以上、〝不破発言録〟なんだそうです。

たしか、98年頃からでしょうか。この方針を受けて天皇が「お言葉」を述べる国会開会式にも共産党国会議員は全員出席するようになりました。

ですから、共産党は正式に天皇と皇室の存在を肯定というより、少なくとも容認ですね。

※3 常幹メモ
常幹は「常任幹部会」の略です。常幹メモについては、本書118ページの下欄の注記「常任幹部会委員」の項目を参照して下さい。なお、常幹メモが不破さんの事実上の発言要約であった背景には、一時期、常任幹部会では不破さん以外にあまり（有意な）発言をする人がいなかったということもあるようです。

国会の開会式で「お言葉」を述べられる天皇陛下。議員は起立してお迎えする。

天皇主催の歓迎晩餐会に出席した不破夫妻

しかし、この転換から不破さんの行動は暴走を始めます。04年には、訪日したデンマーク女王を歓迎する天皇主催の晩餐会に、不破夫妻が出席したのです。

この晩餐会には、他にデンマークとゆかりのある文化人が出席し、**劇でスターリンを演じたことのある俳優の岡田真澄さんもいた**そうです（笑）。

ところが政党関係の代表は、不破さんだけ。でも、出席後に開かれた党中央委員会の会議で、**「外国の王室と交流したという**

ことで、野党外交の新しいページを開いた」と自慢とくとくだったそうです。不破さん、英語もしゃべれないから、相手とはせいぜい握手した程度ですよ。

でも、別の国際会議でも全くしゃべらずに名刺配りだけして、「沈黙の交流をした」なんておっしゃる方ですから、さぞかしうれしかったのでしょう（笑）。

実は、この晩餐会、「招かれて行った」と党中央委員会は説明していますが、党の関係部局（国際局や国会の外務省担当秘書たち）が不破夫妻を招いてもらうよう、外務省に対して必死に根回しをしたといいます。外務省や宮内庁は驚いたでしょうね。

こんなことをやっているのですから不破さんには、少なくとも天皇や皇室にアレルギーはありません。というより、もっと仲良くしたがっているくらい――と言ってよいのではないでしょうか。

もちろん、不破夫妻のこの行動に対して、「信じられない」と怒っている古参党員の声は私の耳にも入りましたが。

コラム 共産党の謎＋《プラス》

なぜ、共産党の議員さんはパリっとスーツを着こなしているのか？

1998年、メガネベストドレッサー賞に選ばれた時の不破哲三氏。

プロレタリアートというイメージとは遠い、お洒落な人が多いようですが……

いやあ、ともかくまじめイメージを大事にしているからですよ。

だいたい、国会議員もそうですが、地方議員についての「立候補の心得」（たしか、昔に党中央の関係部局が出していました。記憶は不確かですが）には「服装は清潔で華美すぎず、常識的なものを」とあり、男性ならスーツ、Yシャツ、ネクタイというスタイルを推奨していました。

男性の国会議員の場合、普通は上下7～10万円程度のイージーオーダーで何着か作っています。だいたい、年に2着くらいあつらえるでしょうか。

でも、もう亡くなった宮本顕治さんとか、いまだに〝党の最高権力者〟である不破哲三さんなんかは、仕立ての良い高そうなスーツを着ていましたよ。

宮本さんは、戦前の拷問の後遺症で腕が上がらず、秘書に上着を着せてもらっていましたが、そのシーンは映画で見たマフィアの親分みたいだったなあ（笑）。

秘書にも月に1万円の服装手当が支給される

女性議員は原色系のあざやかなスーツスタイルがほとんどでしたね。男性議員より女性議員のほうが服装にお金を使っていましたよ。これは地方議員も同様かな。年とっても、きれいな格好ができる女性議員という仕事は華やかだなあ、と思ったものです。

あ、余談ですが国会秘書には普通の党勤務員としての給与（本当は国から公務員としての給与が支給されているのですが、党本部勤務員待遇を超える差額分は〝寄付〟ということでピンはねを強いられています。差し出さないとクビです）の他に月1万円分、スーツなど服装を整えるための手当てとして上積みされていました。

もっとも、元の給与が低いから大部分が外食の多い勤務条件もあって食費に使っちゃってましたけど。

ラフなスタイルで出勤できて、毎食400円程度で定食が食べられる党本部勤務のほうが気を遣わなくてよいので悪くなさそうに思えました。

まあでも、窮屈そうでいやでしたけどね。いつも監視されているようで（笑）。

3

あえて明かす、共産党の歴史と逸話…のホント

はっきり聞くけど、宣伝通りにリッパな政党なの?

共産党の謎 18

民主党政権が誕生しましたが、共産党はやっぱりリベラル色の強い民主党に肩入れするよね？

逆に自民党と仲良くするかもしれません。細川政権の時代も自民と共産は共闘しましたから…。

民主党が自民党を大差で破り、ついに政権を奪取した**09年8月30日投票の第45回総選挙**※1では、久しぶりに日本共産党の動向が注目を集めたものとなりました。

ただし「注目を集めた」といっても、**共産党のマニフェスト**※2や討論番組での幹部の発言が関心を呼んだわけではありません。従来、共産党は300ある全ての**小選挙区**※3に候補者を立てていたのを、今回は半分程度におさえたからです。

そのため、共産党の候補者がいない選挙

※1 **09年8月30日投票の総選挙**
第45回衆議院議員総選挙で民主党は193議席増の308議席を獲得。119議席に減じた自民は野党に転落しました。

※2 **共産党のマニフェスト**
共産党は雇用保険の拡充、労働者派遣法の改正、最低賃金を時給千円以上に引き上げるなど、雇用やワープア問題を重視したマニフェスト（政権公約）を掲げて選挙に臨みました。

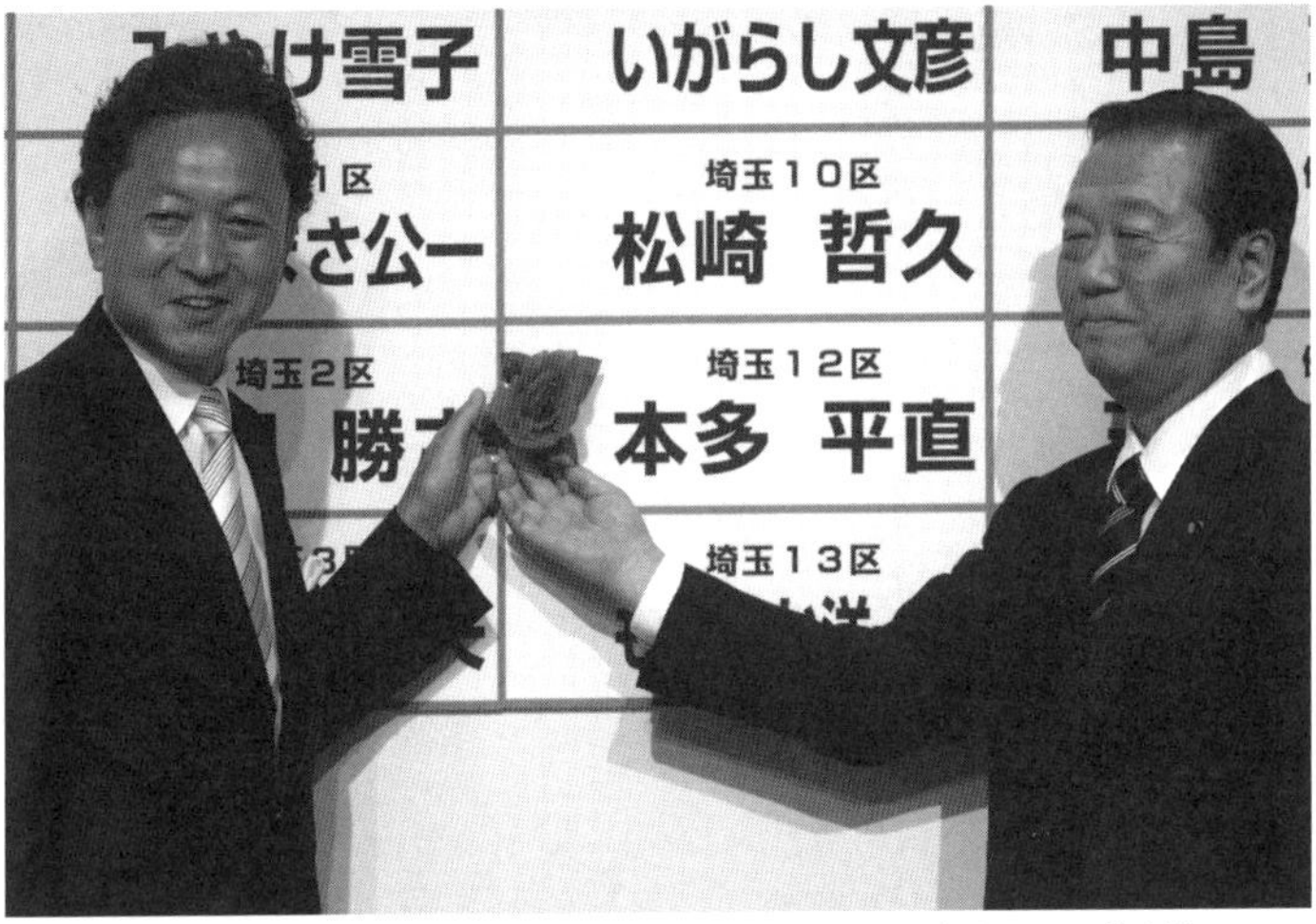

衆議院選挙で大勝した民主党の党首・鳩山由紀夫氏と幹事長の小沢一郎氏。しかし共産党は……。

区では従来の支持票がどこに流れるのか、自民、民主の両陣営が気をもみました。自民党は（そして連立を組む公明党も）、共産党の票が野党票としてまとまることを恐れたのですね。いつの選挙でも当選ラインには届かなかったとはいえ、共産党候補に入っていた数千から万単位の票の行方は、これまで有力候補が安泰で通っていた選挙の情勢をがらりと変えるのに十分な票数だったのです。

つまり、毎回選挙のたびに大量の落選者を出しても、頑なに全選挙区への立候補者擁立にこだわっていた共産党が選挙戦術を変えたことで、共産党候補者不在の選挙区

※3 **小選挙区**
衆議院の議員定数は480人。全国の小選挙区から300人、比例代表選出から180人が選ばれます。

の票読みを難しくしたわけです。

共産党系の市民運動に自民が接近して支援

もちろん民主党は票読みに影響が出ることを、よく認識していました。

共産党候補が立たなかった選挙区では「憲法の精神を守る」とか、「暮らしのセーフティーガードを確立する」といった〝**共産党の支持層ウケ〟するようなアピールを展開**し、共産党票の取り込みに躍起でした。この作戦は功を奏したようで、共産党候補が不在の小選挙区での共産党支持票の大部分は民主党候補に投じられたことが選挙後に報じられています。

一方、与党の自民党・公明党も当然、民主党の〝共産支持者取り込み戦術〟を予期していましたから、共産党が小選挙区で多数の立候補者を立てやすいようにと、選挙前に**供託金**※4を引き下げる法改正まで検討したほどです。

与党対野党の一騎打ちを避けるため、第三極の共産党に候補を立ててもらって、**民主党に流れる野党票を割りたかった**のですね。

いまの私は共産党の枠外にいるから観察できたのですが、こうした中央での動きと並行して、それぞれの地域で共産党への直

※4 **供託金**
立候補者は衆院小選挙区では1人300万円（比例代表は600万円）を納めなければなりません。候補者の乱立を避けるためで、一定の得票数に達しない候補者の供託金は没収されてしまいます。

接のはたらきかけが、自民党側からも民主党側からもありました。

たとえば自民党の場合は、共産党がバックについた住民運動グループに接触して要望を聞き、官庁との折衝を約束したという話も直接見聞しています。一方、民主党ではあからさまに「うちのほうでも比例は共産党に入れるよう調整するから、選挙区は民主党へ」という具体的な選挙協力の持ちかけがされています。

ある意味、知らず知らずのうちに共産党は、選挙区で**キャスティングボート**※5を握っていたのですね。では、共産党はこれにどう対応しているんでしょうか。

すり寄ってきた民主党を袖にする頑固さは変わらず

共産党と折衝した民主党の幹部が、私にこんなことを言っていました。

「政治って、〝黒か白か〟で割り切れない問題もある。だから、共産党が候補を立てない小選挙区なら、〝黒〟の自民党より〝少しは白い〟民主党の候補者を支援するというのは、共産党にとってもアリではないかと言ったのです。

でも、**まったく聞く耳を持ってくれない**。〝比例は共産党で、小選挙区はあくまで自主投票〟の一点ばりなんですよ。こっちが

※5 **キャスティングボート**
少数派が、対立する二大派閥のどちらかの側につくことで、大勢を決める影響があることを「キャスティングボートを握る」と言います。

〝場合によっては、比例で共産党もありだ〟というのにね（笑）」

こんな調子で、〝よりマシな候補〟を推すなんて考え、少しも持たず「自分自身だけが正しい」という**天上天下唯我独尊**※6ぶり。これには、苦笑せざるを得ませんでした（まあ、かつては自分もこんな考えだったのですが）。

結果として、共産党は衆議院で解散前と同じ9議席を確保し、得票数もほぼ変わらなかったのですが、もっと柔軟に他党と選挙協力をやっていたら、票も議席も少しは伸びたかもしれません。

こうした柔軟性を欠く対応は、選挙後の政治活動の展開についても現れていますね。すでに「健全な野党」を選挙中から表明しており（笑）、民主党への政権交代が必至の情勢でも初めから距離を置く姿勢は明確でした。

党首の志位委員長は、「（政権交代後の民主党政権に）協力すべきことは協力するし、批判すべきところは批判していく」と述べましたが、この姿勢は前の自公政権に対する態度と全く変わっていません。

民主も自民もダメで共産党だけが正しいという体質

私が国会議員の公設秘書として在籍した

※6 **天上天下唯我独尊**
もともとは仏教用語で「この世で私がいちばん尊い」という意味ですが、一般には「極端な自己中心主義」を揶揄して使われます。今の言葉でいえば「空気を読めないジコチュー」でしょうか。

10年弱の間でも、**共産党の国会議員団は政府提出法案の7割以上に賛成**していました。法案が国民や党にとって絶対に容認しがたいと思われる根本的問題を持たない限り、**多少難があってもなるべく賛成していく、というのが党国会議員団のスタンス**です。ですから、自民党を中心とした保守政権下でも、「協力すべきは協力」したんですね。

私は、歴史的な政権交代があった以上、共産党が以前の自公政権の時と同じ姿勢を民主党に対してとり続けることは、国民に対して無責任だと思います。

現に民主党は国民へ向けて「暮らし重視」の公約を掲げて、大きく躍進したのです。弱者切り捨ての新自由主義政策を進めた自公政権に国民がきっぱりノーの審判を下して政権に推し出されたのであり、現段階では積極的に評価できる要素を民主党は多く持っています。

総選挙以前もそうでしたが、**結局、共産党の態度は「自民党も民主党も根は同じ」との見方を土台**にしたもので、本質的に変化がありません。

その根底には、度し難い「自分だけが正しい」というかつての〝前衛願望〟をひきずった天上天下唯我独尊的な体質が横たわっているのです。

巨大政党に接近すると自滅する可能性が

もっとも、大きな政党と連合して政権入りしたり、閣外協力したりするというのは小政党にとって難しいものがあります。これは社会党（現在の**社民党**※7）の例を考えれば、わかります。

社会党は、94年に非自民の**細川政権**※8が崩壊した後、自民党やさきがけと連立し、当時の党首だった村山富一さんを首相に就任させるところまでいきました。しかし、95年の阪神淡路大震災への対応で自衛隊の災害出動に煮え切らない態度をとって批判を集め、さらに従来の党是である反戦平和主義に矛盾する政策の推進を迫られるなど、社会党のアイデンティティーを損なう事態に陥りました。

その後、野に下りながら分裂し、社民党と新社会党に分かれた後、一部は**民主党に吸収**※9されました。

こうした過程で、**55年に自民党が創立**※10して以来、対抗軸として長く野党第一党に君臨した社会党は消滅し、その系譜を引き継ぐ社民党は一時、国会にわずか5議席を有するだけになってしまったのです。この経過を、共産党の最高指導者である不破さんはつぶさに見てきていました。

※7 **社民党**
長く野党第一党の地位を占めていたのが「社会党（日本社会党）」です。支持層が離れ、党勢が大きく後退した96年に「社民党（社会民主党）」へ党名を改称しました。現在の党首は福島瑞穂さん。09年の総選挙では7議席を維持しています。

※8 **細川政権**
55年から与党の座を守り続けた自民党から38年ぶりに政権を奪ったのが細川護熙を首班とする連立政権です。細川さんは少数政党である「日本新党」の党首でしたが、野党連合の首班として93年に総理大臣に選ばれました。しかし長続きせず、94年に退陣しています。

ですから、共産党は大きな政党との連立とか協力には、慎重にならざるを得ないと考えているんです。

共産党に野党のノウハウを教えてもらった自民党

自民が野に下った細川内閣時代の例を振り返るなら、むしろ勢力を大きく失った自民党と共産党との協力が現実のものとなるかもしれません。

なにしろ非自民の細川政権が登場した際、自民党は捲土重来《けんどちょうらい》を期して必死の取り組みを開始しました。長く与党の地位についてきた状況を一気に変え、闘う党にしようということで、「野党の中の野党」であった共産党の**松本善明衆議院議員**※11（当時）を講師に呼んで、**「野党としての国会質問の仕方」の勉強会まで開いた**ほどです。

そして、国会論戦では当時、オウム真理教がテロを起こしたことを契機に宗教法人法を見直すことになり、自民党は**新進党**※12内に合流した公明党勢力を追い詰めるため、創価学会の選挙活動問題を積極的に取り上げました。税金免除の宗教施設を政党の選挙活動に利用するのは、政教分離原則に反するということですね。

公明党・創価学会と何かにつけて対立する※13共産党も、自民党と軌を一にして、

※9 **民主党に吸収**
「新社会党」は現在、国会議員がいません。また、この時に「さきがけ」も民主党に合流しました。菅直人さんのグループです。

※10 **55年に自民党が創立**
二大保守政党だった「自由党」と「民主党（日本民主党）」が合併して生まれたのが今の「自民党（自由民主党）」です。この保守合同と、左右に分裂していた社会党が再統一を果たしたのが55年であるため、保守の自民党と革新の社会党を軸とする政界の構造を「55年体制」と呼びます。長く日本を支配した55年体制は、09年の民主党政権の誕生で幕を閉じました。

国会論戦にのぞみました。

当時、筆坂さんもこの問題で質疑したため、秘書だった私も質問準備にかかわったのですが、水と油のような自民党と共産党の〝自共共闘〟が国会で実現するなんて信じられませんでした。

もっとも自民党が与党に返り咲くと、公明党と連立して選挙では全面的な支援を自民党側が受けるようになるのですから、政界というのは動きが早いというか、目まぐるしく変化するものです。

今度は民主党を中心にした政権が生まれましたから、野党である自民党は積極的に政府批判の論戦を国会で展開するでしょう。こうなると再び〝自共共闘〟の局面が見られる可能性が高いです。

批判というのは攻撃的ですから、勢いを世間に強くアピールすることができます。**どの政党よりも〝野党なれ〟した共産党の体質には批判をたたみかける攻撃的な戦術が合っています。**自民党が正論を吐けばこれを援護するでしょうし、時には自民が民主党政府に投げつけた批判を共産党がより鋭くして、もっと大きな問題にしようとするでしょうね。

※11 **松本善明衆議院議員**
子どもの絵で有名な絵本作家、画家のいわさきちひろさんの夫です。本書68ページ下欄の注記などを参照ください。

※12 **新進党**
細川内閣とその後継の羽田内閣に参加した新生党、公明党、民社党、日本新党などの各政党が合流して、94年に結成した政党です。自民党に対抗する二大政党になることを目指しましたが、97年に分裂解散。

※13 **公明党・創価学会と何かにつけて対立する**
本書140ページの「共創協定」の記述や下欄の注釈も参考にしてください。

共産党の謎 19

どっちも「ビンボー人のための政党」なイメージだけど、共産党と公明党は仲が良いの？ 悪いの？

公明党とその支持母体の創価学会と、共産党の体質がよく似ているのは事実ですね。支持者層もダブってます。

日本共産党は、別のところでも書いているとおり自民党はもとより、公明党、さらには従来野党だった社民党や民主党まで総舐《な》めして批判する〝唯我独尊〟ぶりを伝統的に発揮しています。

まあ、主張が違うからいろいろな政党ができるのであって、議論するのはいいのですけれども、民主主義社会というのは多様な思想や考え方が混在することが前提です。「あっちは間違っていて、正しいのは自分たちだけ」なんて批判の仕方は、やっぱり異質の存在に見られてしまう原因です。そんな疑問を抱えながら、共産党時代の私も他党を批判していました。

そうした中で、どうも自分たちの党と体質が似ているなあ――と思った政党・勢力がありました。**公明党**※1とその支持母体である**創価学会**※2です。

『赤旗』を大きく引き離していった『聖教新聞』

共産党と公明党、創価学会が似ている点をいくつかあげてみましょうか。

❶指導者に絶対的な権威※3があること

❷機関紙の拡大※4を中心に支持を広げる活動をしていること。また、構成員の意思統一にも機関紙を読ませることを土台にすすめていること

❸低所得層が多く住む地域や団地を基盤にし、世話役の活動を通じて組織拡大や選挙での支持拡大、機関紙読者の獲得をすすめていること

この中でも、「機関紙中心」という特徴のところがとても大事な点ですね。こんなこと言うと、創価学会の方々に怒られるかもしれませんが、私がある宗教研究家の方から聞いたところによると、創価学会は共産党の「機関紙を中心の活動」に学んで、組織づくりの基礎に据《す》えてきたということ

※1 **公明党**
創価学会を母体にして64年に設立された政党です。平和主義と福祉、金権腐敗とは無縁な中道路線で一定の支持を集め、93年には非自民の連立政権である細川内閣に加わり与党になりました。99年からは自民党と連立を組み政権に参加。09年の総選挙で自民大敗により野党に転落しています。

※2 **創価学会**
元々は日蓮正宗の信徒団体として昭和初期に設立された日本最大の宗教法人です。共産党と同じく戦時中に弾圧され初代会長が獄死するなど、多難に満ちた歴史があります。この体験による平和主義や、戦後の経済成長の影で苦しむ庶民へのサポー

です。

でも、最近の状況を見ると『聖教新聞』とか『公明新聞』は、少なくとも都市部の普及度で『赤旗』を大きく引き離しているようです。商店なんかで、ご近所やお客さんから勧められてお付き合いで購読している、というのは『聖教新聞』が圧倒的で『赤旗』はほとんど見ません。かつては、私の自宅近所の商店街は7割が『赤旗』の日曜版をとっていたんですが……。

ドヤ街の住人をめぐる創価学会との獲得競争

別のところでもふれていますが、政治の世界では〝近親憎悪〟という現象があるように思えてなりません。同じような活動基盤で似たスタイルの**組織活動**※5を展開するのですから、当然、活動がかち合い、取り込む対象の取り合いになってきます。

そうなると、**ネガティヴ・キャンペーン**※6が展開されていくようになり、それが繰り返される都度、相互に憎しみがつのるようになっていきます。

創価学会は宗教団体ですが、「王仏冥合」（王＝政治の道と仏法が同軸で展開され、正しい法が地上世界でも実現されていく道）を思想の根幹に据えており、公明党という政党を生み出して政治の場に進出し、

トなど日本の社会に与えた影響は決して少なくありません。池田大作さんは第3代の会長で現在は名誉会長の職にあります。

※3 **指導者に絶対的な権威**
創価学会の名誉会長である池田大作さんと、共産党の最高指導者だった宮本顕治さん、現在の不破哲三さんの持つカリスマ性や、この方たちに対する構成員たちの態度を比べると似ていますよね。

※4 **機関紙の拡大**
共産党の『赤旗』と公明党の『公明新聞』、創価学会の『聖教新聞』の購読拡販の努力の様子や、書かれている内容の位置づけを見れば、その重要性がわかります。

積極的に選挙戦にも取り組みます。

選挙戦になると、こうした**創価学会の活動と共産党の活動がぶつかり合い、地域によってはすごい様相になる**ことがありますよ。

私は、地区委員会の党専従時代、池袋駅の西口周辺地域の党組織を指導していました。そこには、今は無くなったのですが、ちょっとした**ドヤ街**※7があったのです。

ここのドヤ街には、簡易宿泊所と老朽化した家賃が格安の木造アパートがひしめいていました。住んでいるのは、ヤクザくずれの生活保護世帯とか、どこかの地方から流れてきたり、農閑期に農家からやってきたりしている日雇い労働者の人たちなどでした。

ドヤ街に定着している人たちはともかく、簡易宿泊所に季節労働的に流れてきているような人たちは、住民票を持っていませんでした。

しかし、そんな人たちを近くにあった**民医連**※8の病院の人たちとも協力して、一生懸命、困りごと相談などの活動を展開し、『赤旗』の購読拡大を進めました。

でも、ここには創価学会の人たちも根を張っていたんですね。あちらも、すさまじい活動をこちらに対抗して繰り広げましたよ。

※5 組織活動
かつては「オルグ」という言葉を充てていましたが、今は組織活動と呼んでいます。自分の陣営の側の支持者や構成員として取り込んだり、支部や後援会などの組織をつくる活動を指します。「オルグ」については本書61ページ、97ページ下欄の注も参照。

※6 ネガティヴ・キャンペーン
口コミやビラなどで相手側への非難を広げること。アメリカではCMを使って大々的なネガティヴ・キャンペーンを繰り広げますが、日本では表だった非難は国民性に合わないため、目立たない形で行われることが多いです。

学会から地域の幹部が寝返った。その実行力に驚き

季節労働に従事する人たちには、ケガをして働けず、当面の生活費もなくなって困ってしまうことがありましたから、創価学会のリーダーの人（この人も地域の老朽化したアパートに住んでいました）は、こうした人が簡易宿泊所にいてもそこの住所でケガをした人が住民票を取れるよう区役所にはたらきかけ、生活保護をとる交渉までしていました。そうなると、世話してもらった人にとっては、命の恩人です。

こうして、**住民票を取得した人たちは同時に選挙権も得ることになり、創価学会の人たちに連れられて投票所に行くことになります。**共産党なんか電話でお願いし、体の不自由な方の自動車送迎くらいしかしませんが、創価学会の人たちは一軒一軒を訪ね、投票所まで同行するキメ細かさです。

こりゃ、かなわんな、と思っていた矢先、あることがきっかけでこの地域の創価学会リーダーが離反して共産党の支持者になってしまいました。そうすると、**創価学会でやってきたことと同じようなすさまじい活動を、共産党の前進のために展開してくれました。**『聖教新聞』の代わりに『赤旗』をどんどん増やしてくれるしで、ほんとに

※7 **ドヤ街**
「ドヤ」は主に肉体労働者が寝泊まりする簡易宿泊所を指す俗語です。語源は「やど（宿）」の二文字をひっくり返したことから。寝られるだけの2畳程度の狭いスペースの安価な民間の宿泊施設で、ネットカフェの個室の原型のような所です。

※8 **民医連**
全日本民主医療機関連合会。働く人々のための医療機関として全国の病院をつなぐ団体です。共産党の下部組織では無いですが友好的な関係にあります。

ビックリ……。

『赤旗』の購読者が月末になると減ってきて、「来月の部数は後退必至」なんてとき、地区委員会は各支部や地方議員に「きょう明日で○○部拡大せよ」との号令をかけます。うまくいかないことのほうが多いのですが。こんなとき、私は件《くだん》の元創価学会リーダーのところへ出かけました。

そうすると、いろいろ知恵を出して『赤旗』を5部、10部と増やしてくれたものです。簡易宿泊所の中の多段ベッドに扉をつけただけのところにも、どんどん声をかけて季節労働者に『赤旗』日曜版をとらせていったのです。購読料は先払いで1～2ヵ月分を、ちゃんとその場でもらっていたことが多かったですね。

〝自画自賛〟好きな体質が閉鎖性を生んでいないか?

共産党と創価学会の似ている部分の話に立ち返りますが、ネガティヴな点ゆえに私が気になるのは、〝自画自賛〟の癖でも共通していることでしょうか。

創価学会の方々には少々申し訳ないのですが、〝かつての宿敵〟である元共産党メンバーの視点でいうと、『聖教新聞』なんて特定の指導者をほめ称えたり、勲章や学位をもらったりするお祝い事の報道ばかりで、信者の方以外には読むところがない。でも裏を返して共産党の日刊『赤旗』だって選挙近くになると、〝自画自賛〟報道があふれて読者はうんざりします。

日本人って謙虚さを美徳にする傾向がありますから、創価学会や共産党のように自分で自分のところをほめる、つまり〝自己宣伝〟をする人を白眼視しがちです。結局〝自画自賛〟なんて他人が受け入れることより、自分を納得させ安心させるためのものに過ぎないかもしれません。「私たちは、こんなにすごい人の指導を受けているんだ！」なんて**感激を共通のものとして、狭い特別な社会を作っているようなもん**です。

共創協定※9を締結し、一度は平和や民主主義擁護のために協力を約した共産党と創価学会。これをやっかんだ当時の公明党指導部の横槍で頓挫《とんざ》したのですが、70年代の半ばにできた和解が、今日できないわけがありません。共産党と創価学会は、いま一度対話して、それぞれが掲げる平和の実現に向け、できるところで協力し合えればなあ、と思います。

それにつけても、**お互いに対する非難は鏡で自分の姿を映して、述べているような非難でしかありません。**なんとか、創価学会も日本共産党も、それぞれが持つ悪癖を正してほしいもんだと思っています。

※9 共創協定
共創協定については、本書140ページの記載を参照下さい。

コラム 共産党の謎＋《プラス》

同じ革新なのに、仲が悪そうなイメージが――かつての社会党＆いまの社民党との関係

共闘した時代もありました。でも「良い思い出」がない（笑）。やっぱり〝近親憎悪〟なのかも……

旧社会党[*1]と日本共産党は「**保革対決**」[*2]の時代、自治体首長選挙で共闘関係が続きました。その根底には、60年の日米安保改定反対闘争での全国民的規模で広がった共闘がありました。この運動で政党では、社共両党が中軸となったのです。

本書の210ページで取り上げている「中央線革新ベルト地帯」を形成した革新自治体も、社共共闘で生まれたものでした。しかし、20年にわたった〝革新共闘〟の中でも、国政レベルでの社共共闘は沖縄をのぞいて実現しませんでした。この経過について、共産党は「社会党が公明党などにひっぱられて右傾

化したため」と説明してきましたが、果たしてそうだったのか。私は、共産党の側の抜きがたい**セクト主義**[*3]もあったのではないかと思います。

私自身は、社共共闘による**最後の大型選挙といえた79年の都知事選挙**[*4]で闘いました。まだ共産党に入党していない民青同盟員で、ビラ配りをしたりしたのですが、その時の印象では「共闘といっても、ビラまきなど人手のいることは共産党ばかりがやっている」という感じでした。

公明党と社会党が組んで共産はずしをした恨み？

翌年、社会党が自衛隊と日米安保を当面容認するとの立場に立った「社公合意」を公明党との間で結ぶと、日本共産党はこれを「歴史的な右転落」と呼んで激しく批判するキャンペーンを開始しました。

当時、『赤旗』紙上のみならず、100円で販売するパンフレットを大量に普及する活動を展開したものです。

＊1　旧社会党　日本社会党は戦後すぐの45年に結党。長く第一野党として活動し、93年の細川政権で連立与党に。94年には自民、さきがけと保革連立政権を組みましたが、徐々に党勢を弱め、96年社民党に改称しました。社民党については172ページ下欄の注記も参照。

＊2　保革対決　革新勢力に対抗して保守合同により誕生した自民党と、第一野党であった社会党を軸とする政界構造。いわゆる「55年体制」です。保守合同と55年体制については173ページ下欄の注記を参照。

＊3　セクト主義　自分のセクト（派閥・組織）の主張の正当性と組織の利益ばかりにこだわる、排他的な傾向を言います。「セクト」については本書111ページ下欄の注記も参考にしてください。

＊4　最後の大型選挙といえた79年の都知事選挙　共産と社会は総評議長だった太田薫さんを候補者に擁立しましたが、自民、公明、民社、新自由クラブに推薦された、元官僚の鈴木俊一さんに破れました。保守の鈴木都政は4期12年の長期政権になっています。

しかし、この「右転落」批判キャンペーン、実際はふだんから何かにつけて対立していた公明党と社会党がブロックを組み、国会運営の中で「共産党を除く」といった言葉が一般化するくらい孤立させられたことへの不快感を表したものに過ぎなかったのでは、と今となっては思っています。

だって「社会党は憲法違反の自衛隊を容認した」と言ったって、今日では当の共産党も**党首を先頭に**[*5]**「自衛隊を活用」**とまで言明し、その存在をより踏み込んで認めているからですね。共産党は80年当時の社会党よりも「右傾化」したと自分で認めるんでしょうか?(私は宮本さんが引退し、不破体制になってから明確に路線が右傾化したと思っています)。

結局、「労働者の利益」を擁護する社会主義を共通して標榜する社会党に対する兄弟げんかというか、近親憎悪のようなものが社共の間にあったということでしょうね。それは、「護憲」の旗を掲げる今日の社民党の側でも同じだと思います。

統一会派になれば党首討論に参加できるのに

国会に勤務していた時代から思うのですけど、憲法の平和条項の改変志向が強まっているため、今では「護憲」を主張する勢力は国政で少数派になってきました。民主党や自民党、その他の野党にも「護憲」志向のある政治家がけっこう存在していますが(共産党員には、このことを認めたがらない人が多いです)、政党としては社民党と共産党くらいです。

憲法擁護という点で両者の主張はほぼ重なってお

自衛隊の解釈や位置づけを巡って共産党と社会党は確執を繰り広げてきた。

り、もっと共闘すべきだと思うのですが、両者にそれほど積極性が見られません。

やはり、両者とも自分が運動を主導する役割でいたいという**ヘゲモニズム**[*6]を持ちがちなため、共闘に踏み出せないのでしょうか？　ここまで議席が減ったら、会派統一だって現実性があると思うのですが。そうしないと、社民党も共産党も国会での**党首討論**[*7]に参加すらできません。

＊5　**党首を先頭に「自衛隊を活用」**　共産党の自衛隊への認識の変化については、本書147ページからの記事を参照下さい。

＊6　**ヘゲモニズム**　圧倒的優位に支配したいとする覇権主義の意味で、この場合は革新勢力内での主導権争いといった意味です。

＊7　**党首討論**　与党党首と野党の党首が一対一で挑む国会の論戦。衆議院では、会派で11以上の議席が無ければ参加できません。現在の議席は共産党が9議席、社民党が7議席ですから統一会派を組めば可能です。

共産党の謎 20

ソ連の失敗で共産主義はダメとわかったんじゃないんですか？

ビックリするかもしれませんが、「ソ連は社会主義じゃなかった」――これが日本共産党の見解です。

ソ連（ソビエト社会主義共和国連邦）が91年に崩壊してから、およそ10年くらい経って、日本共産党はソ連について「**社会主義国**※1ではなかった」と言い出し、これが現在も公式見解となっています。

当時、共産党の国会議員秘書だった私は仲間たちと会議で、「**じゃあ、なんだったんだよ？**」と話し合ったものです。「では、資本主義国だったのかい？」というところですね。この疑問に対する〝回答〟は、いまだに日本共産党の中央委員会も、その〝最高の頭脳〟である不破哲三さんも示せてい

※1 **社会主義**
ソ連はマルクスレーニン主義と呼ばれる共産主義を国是（国の政治方針）に掲げた、世界初の社会主義国でした。共産主義と社会主義の意味の違いについては本書31ページからの記事などを参考にしてください。

代々木にある共産党本部ビル。通称「代々木」と呼ばれる。

ません（笑）。

　国会議員団の事務局員（各議員に配置された公設秘書や事務員として置かれた党員）は、同時に党本部の勤務員の一員であるとされていました。しかし国会の事務局員たちは、きゅうくつな**党本部の建物**※2から離れていたことと他党派や政府関係者、あるいはマスコミとも直接接触や交流があるためか、中央委員会の勤務員としては開けっぴろげなところがありましたね。

　一部には、〝党内出世〟を狙ってか、党中央の方針からずれた発言をする仲間に眉をひそめたり、こっそり上司に〝告げ口〟する輩もいたんですが、秘書の中には勤務

※2 **党本部の建物**
共産党の中央委員会が居を構える本部ビルは、JR代々木駅に近いため共産党のことを俗に「代々木」と呼びます。同じく所在地から「永田町」と呼ばれる国会とはけっこう離れてます。

歴数十年を超える猛者もいて、一向に気にせず会議で不破さんなどが出した見解に批判的意見を述べたりということがありました。

不破さんの言い訳に「卑怯だなあ」と思った

いずれにしても、私は不破さんが「ソ連は社会主義国じゃなかったんです」なんて言い出したのを聞いて、「卑怯だなあ」と思ったものです。だって**「社会主義という20世紀における壮大な実験は失敗に終わった」という世間一般的な見方**を、こんな姑息な言いぬけでかわそうとしたんですから。

これまでもソ連に対する日本共産党の見方はコロコロ変わってきましたし、好意的にとらえれば「認識の発展」でしょうけれど、それでも「ソ連は社会主義国じゃない」という見解には、まるで「屋根に上らされたまま、ハシゴをはずされた」ような感じを受けました。ただ、この感慨は、私自身が日本共産党に接近する中で体験し、自問自答を繰り返した、ソ連に対する見方の変遷にも関わりがあるかもしれません。

なにしろ私が日本共産党に入党した70代の半ば頃のソ連は、決して魅力ある国とは言えませんでした。

世間のニュースを理解できるようになっ

※3 **ワルシャワ条約機構軍**
48年、西側の北大西洋条約機構（NATO）に対抗してソ連をはじめとする東欧社会主義国が結成した軍事同盟機構です。「防衛的性格」を強調していましたが、その膨大な軍事力で東欧の加盟国が自主性を発揮することを抑止するタガとしての役割も果たし、チェコスロヴァキア侵攻のような民衆弾圧事件を引き起こしました。

※4 **それ以後の時代**
スターリンの死後、ソ連の最高指導者フルシチョフはスターリンの恐怖政治を批判しました。いわゆる「スターリン批判」です。それでも強権的な支配体制は続き、迫害される人は後を絶ちませんでした。

た小学生時代の68年に、ソ連は**ワルシャワ条約機構軍**※3を動員して、社会主義の枠内での民主的改革をすすめようとしたチェコスロヴァキアに侵攻、これを挫折させました。

ソ連といえば、暗い話題しか聞こえてこなかった

当時の日本でも反政府的・反共産党的とみなされた人々が、レーニンやスターリンの時代に逮捕・投獄され、数百万人が強制収容所で犠牲になったという事実がよく知られましたが、**それ以後の時代**※4でも反体制派の人たちが**強制的に精神病院へ入院**※5させられるといった事態が起きていました。しかし、そのような実態は、ソ連は外国人が自由に訪問して見学できる国ではなかったので、リアルタイムではなかなか伝わってきませんでした。

それでも、ごくたまにテレビなどで報道されたり、旅行者の紀行文で紹介されたりする事実の中に「商店では、物不足で行列があたりまえ」といった報告もありました。概して、ソ連に対するイメージは明るいものではありませんでしたね。

さらに70年代から80年代にかけて、政治犯を収容する**強制収容所**※6を舞台にした小説『収容所群島』や『イワン・デニーソヴィ

※5 **強制的に精神病院へ入院**
スターリン批判の後は、収容所の代わりに精神病院へ反体制派を入院の名目で収容したといわれています。

※6 **強制収容所**
ロシア語で『ラーゲリ』と呼ばれます。刑務所ではなく政治的な理由で囚われた人を収容して監禁や強制労働をさせる施設で、多くはシベリアの原野に作られました。そのため今でも望まぬ所へ配置されることを「シベリア送り」と言ったりします。

チの一日』で有名な反体制作家ソルジェニーツィン氏がソ連から国外追放されたり、「ソ連水爆の父」と呼ばれるサハロフ博士が政府批判をしたことで流刑にされたりするといった人権を蹂躙《じゅうりん》する事件が横行したため、「自由にものを言えない社会」としてのソ連、ひいては社会主義国のイメージを強烈に印象づけたのです。

民主的な社会主義国は可能と発表していた時期も

社会主義国には暗いイメージが先行しましたが、親が中小企業の経営者で苦労していた私なんかは、社会主義の利点と民主主義を結合させて、働く者に理想的な国家というものがつくれないのかと真剣に考えました。

そんな思いで、ソ連について否定的な事象を分析した文献などと共にマルクスやエンゲルス、レーニンの著作なんかを紐解《ひもと》いていったんです。

そうした青年時代の知的探求の過程で出会ったのが、日本共産党が76年の第13回臨時党大会で決定した「自由と民主主義の宣言」と、「世界の社会主義はいまだ生成期の段階にある」という見方を示した第14回党大会決定でした。

「自由と民主主義の宣言」と、それに詳

細な解説を加えた第13回党大会決定（新日本文庫『科学的社会主義と自由・民主主義』に所収されていますが、どういうわけか絶版中）には、「**社会主義と政治制度としての民主主義は両立する**し、民主主義の全面的保障があってこそ、社会主義も真に発展する」という考え方が見事に論証されていました。

そして、マルクス、エンゲルスが創始した共産主義も、近代の民主主義制度の確立を求める動きの中の延長線上で生まれたことも、理解できました。

つまり、民主的な社会主義国は可能だというのです。

ソ連はまだ発展の途中でこれから良い国になるとも

また、第14回党大会決定では「**社会主義国で見られる否定的現象**※7」について「社会主義国が世界的に見て生成期の段階にある中で起きたもの」と説明し、「高度な資本主義の発達を経て社会主義に移行した国はまだなく、**社会主義が生成期を経て本格的に発展していくのは今後の課題**」といった趣旨の見方を示していました。

簡単にいえば、革命前のロシアは資本主義が成熟した国じゃなかったから社会主義への転換が上手くいっていないだけ。ソ連

※7 **社会主義国で見られる否定的現象**
人権弾圧や独裁的な政治体制、国家が市民生活を監視し、言論の自由が無いなどを、西側（自由主義世界）から強く批判されていたことを指します。

は試行錯誤している途中なので長い目で見ようよ、というわけですね。

実際の現代史を見れば、そんなに単純じゃないんですが70年代末にこれらの決定に接した若い私には大変な衝撃で、「何かをせねば」と思いがちな私の中にあった**青年的熱情に火をつける**※8に十分でした。

まあ、これが私の日本共産党入党の動機といえるもので、これらの日本共産党の諸決定をまとめるのに中心的な役割を果したと目されるのが、**上田耕一郎党副委員長**※9と不破哲三党書記局長の兄弟だったんです（肩書きはいずれも当時）。第14回党大会で報告した「社会主義生成期」論も、不破さんによるものでした（この論に立つなら、ソ連は「生成期」とはいえ明確に社会主義国とみなしていたことになります）。

この論を述べた不破さんの同じ口から、「ソ連は社会主義国じゃなかった」という言葉を聞いたため、私が「屋根に上らされたまま、ハシゴをはずされた」との反発を感じたのでしょう。

今でもマルクスの思想はダメになっていない

私はけっしてこんな無責任な見解は唱えたくないのですが、「官僚主義的な社会主義」であったソ連の崩壊をもって、マルク

※8 **青年的熱情に火をつける**
第14回大会では「社会主義が生成期を脱して、本格的に発展していく道は、既存の社会主義国が対外的な覇権主義や国内の非民主的な状況を克服していくことと、正常な発展の道筋に立って、我が国を含む発展した資本主義国の革命運動が前進することで切り拓かれる」という、アグレッシブな見方を示していたことも、大きかったですね。

※9 **上田耕一郎党副委員長**
1927年生まれ。08年没。不破さんの本名は上田建二郎で、上田耕一郎さんは実弟です。このお二人は高知県出身の有名な教育学者・上田庄三郎の息子さんたちです。

ス以来の学説が柱となった共産主義が全面敗北という気はしないんです。マルクスは資本主義システムの批判的分析者としては過去の人ではなく、新自由主義で暴走する弱者切り捨て政策へ歯止めをかけるための理論的根拠を今も与えていると思います。

小林多喜二が小説『**蟹工船**』※10で描いた末端の労働者の悲惨な様子を、現在の派遣切り・雇い止めなどに象徴されるワーキングプア問題と重ね合わす向きがあるのですが、私はマルクスが『資本論』第1巻の中でこれでもか、これでもかと書き連らねている下層労働者への過酷な労働条件の押し付けの実態と工場監督官によるリアルな告発の方が、現在のワーキングプアとの比較の対象としてはより的確だと思います。

資本主義で避けられない問題を告発するマルクスの精神は、何も共産党や共産主義のシンパだけが受け継ぐべきものではなく、広く国民の生活と福祉の向上を信条とする政治家や運動リーダーが指針とすべきものでしょう。

人類史に名をとどめた幾多の偉大な思想家、哲学者、学者と同様、呑んだくれのマルクスや女たらしのエンゲルスも、その学説と共に今後とも末永く世界の人々に影響を与えていくと考えます。たとえ、共産党が無くなってもです。

※10 **『蟹工船』**
小林多喜二と、その代表作である『蟹工船』については本書86ページを参照して下さい。

共産党の謎 21

共産党のエライ人だったという「宮本顕治」さんって、どんな人だったの？

拷問に屈しない伝説の闘士でしたが、現在の硬直化した党の体質を作った人でもあります。

2007年7月18日、98歳で亡くなった宮本顕治さんは、戦後の日本共産党を担ってきた代表的幹部で、**レッド・パージ**※1の弾圧と路線対立で分裂した党を再建した立役者でした。80年代いっぱいまでは絶大な権勢を誇っていました。

しかし、実際のところ共産党に関わった人、特に党を去っていった人々からは毀誉《きよ》褒貶《ほうへん》がさまざまに論じられる人物でもあります。党内運営がとても強権的だったのですね。自分の意に沿わない幹部や党員には、屈辱的な〝自己批判〟をもとめ、それに従

※1 **レッド・パージ**
本書141ページ下欄の注記を参照下さい。

※2 **スパイリンチ殺人疑惑**
戦前、特高警察が共産党内に送り込んだスパイと目された小畑達夫を宮本さんら当時の党指導部メ

選挙で記者会見する、若き日の不破哲三さん（左）と宮本顕治さん（右）。

わなければ追放もいとわなかったのです。

まあ、宮本さんについては70年代半ばから「**スパイリンチ殺人疑惑**※2」などが取りざたされ、「真相はどうなんだ」といまだに言われているのですが、こうした問題の真偽を語るには、私の見聞は足りません。立花隆さんによる『**日本共産党の研究**』※3のような立派な研究書がありますので、興味ある方はそちらをお読みいただきたいと思います（私がこれをお勧めすることで、心中を察してくださいね）。

まあ、そんなことより専従生活の中でかいま見た宮本さんの君臨ぶりや、人となりなんかを紹介するほうが、私からの材料提

ンバーがアジトに監禁し、暴力的な査問を行った結果、小畑を死に至らしめたとされる1933年の事件。戦前の法廷で殺人・死体遺棄で審理されました。共産党は暴力的な査問の存在を否定しています。宮本さんは無期懲役の判決を受け入獄しましたが、日本の敗戦による政治犯釈放で45年10月に解放されました。

※3 **『日本共産党の研究』**
立花隆著・講談社文庫。田中角栄を退陣に導いた金脈追求で知られる立花隆の著作。1978年に刊行された。現在は文庫本で全3巻。

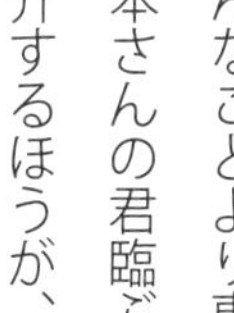

供としては相応しいと思います。

宮本議長の言葉は特別の重みがあるとされた

ともかく、党内では宮本顕治という名が出ると、上は中央委員会から下は地区委員会まで、まるで〝神〟のような扱いだったことがありました。80年代中ごろの話です。

また、この頃までの日本共産党の「中央委員会決定」の文書というものは、**『赤旗』に掲載されると全体紙面の半分を占めるほど長かった**です。それは、宮本議長の冒頭発言、不破哲三委員長の幹部会報告、金子満広書記局長の専門分野についての捕捉報告、宮本議長の中間発言、不破委員長の討論のまとめ(結語)といった具合に長文の文章が続いたからです(肩書きはいずれも80年代半ば頃の代表的なもの)。

党の地方組織である地区委員会の専従職員は、各地にある党支部で党員に「決定」を読んでもらったり討議してもらったりするために、手分けして指導援助に入るのですが、時には新聞で15ページ前後にもなる長くて難解な中央委員会決定の全文を、党員すべてに読んでもらうのは困難でしたね。

だから、内容をかいつまんで説明することになるんですが、その際、他のどの部分よりも重要視してはならないと考えられていたのが、宮本議長が述べている部分です。

失敗しても、失敗の責任は〝理解不足〟の末端にある

支部へ指導に入る前に専従職員は自分たちが党員の誰よりもよく理解していなくてはならない建前です。だから、事前によく読みこんだ上で機関としては一級上の委員会（地区委員会の上なら都道府県委員会）の会議で説明を受け、討議してきた地区委員長からよく説明を受け、時間をかけて討議しました。

もちろん、討議といっても「不破さんの言っているところの、ここは違うと思います」「自分はこう思います」なんて自由に報告や発言を批判したり、自分の考えを対比したりする、世間一般で行われているような「討議」ではありません。

「ここの部分は、こうこうの意味が込められて述べられている」とか、「不破さんは、ここでこういう意味のことを言っているのだと思う」みたいな、**中央委員会決定はすべて正しいという前提での解釈論議をするに過ぎません。**だから、その後の活動でなにか失敗が起きると、これらの中央委員会決定を振り返りながらもそれを批判することはなく、「われわれの中央委員会決定に対する理解が○○の点で足りなかった」「地

区委員会がよく理解しなかったから、支部の認識にすることもできなかった」というような〝自己批判〟と呼ばれる、もっぱら自分を責める、中身のない反省ばかりすることになります。

「ミヤケン」と聞いたら直立不動になる雰囲気

そんな**批判の対象や失敗の原因になることはあり得ない**※4「決定」の中でも、宮本さんの発言を取り上げるときは、他よりさらに特別扱いといった感じでしたね。いまでも私は、地区委員長が一瞬、全身を緊張させるように「（宮本）議長が……」といった言い出しで宮本さんの発言について説明を始める場面が何度もあったこと思い出します。

若い読者の方にわかるかなァ、日本の戦争映画なんかで軍人を演じている俳優が「畏れ多くも（天皇）陛下が……」というと画面の中の登場人物が突然、直立不動の姿勢となる、あの感じに似ています。**「神聖にして冒すべからず」**というような。

また、50年代くらいから入党し、党分裂の苦難期を越えてきたようなベテラン党員たち（専従ではないか、専従は退職していまったOBたち）には、公然と「風雪に耐えたミヤケンさん（宮本さんの愛称）に比

※4 **批判の対象や失敗の原因になることはあり得ない**　この判断には絶対に間違いがないことを難しい言葉で「無謬（むびゅう）」といいます。「党の無謬性」といえば、党には過ちがないことです。また「無謬神話（の崩壊）」などと批判的に使われたりします。

べれば、**不破なんかまだ青い」「不破は頭でっかち**なことばかり言う」と宮本さんを天まで持ち上げながら、不破さんについてはケチョンケチョンといった発言をする人もいました。最近の不破さんの君臨ぶりからは考えられない状況ですね（笑）。

共産党史の生き証人だから特別の重みがある

ともかく、宮本さんが党内で絶大な権威を誇った背景には、戦前期からプロレタリア文学の立場から文芸評論で優れた業績を残した著名な女流作家、**宮本百合子さんと結婚し**※5、そしてなにより**獄中でも非転向を貫いた**ことが挙げられます。

「非転向」とは権力側に屈服して懺悔したり、思想の放棄を表明せず、党員としての初志を取り調べや圧力、拷問などに負けずに貫くことです。言うはたやすいですが、**戦前期に逮捕・入獄**※6した共産党員で非転向を貫けた党員はほとんどいなかったんです。

そして獄中から百合子さんと心のこもった書簡のやりとりをして、戦争や日本の行く末をゆるぎない信念で語り合ったというエピソードがあります。宮本夫妻のこのやりとりは、『十二年の手紙』として当初は青木書店、後に共産党直系書店の新日本出

※5 **宮本百合子と結婚し**
当初は事実婚で、33年にスパイリンチ事件で宮本氏が入獄後に入籍してから獄中結婚しました。宮本百合子さんは１８９９年生まれ。戦前から共産党員としてもプロレタリア作家としても活躍しました。１９５１年没。

※6 **戦前期に逮捕・入獄**
治安維持法下の戦前では共産党員は国家転覆を企てるテロリストあつかいでしたから取り調べは過酷で、刑務所でも通常の囚人より政治犯の待遇は劣悪でした。また当局は転向を申し出た者には待遇を楽にして、思想の放棄を促しました。

版社から刊行されています。

実際、スパイリンチ事件で逮捕された後の宮本さんは凄まじい拷問を**特高警察**※7によって加えられたんです。学生時代、柔道で体を鍛えていたので耐えられたそうですが、『蟹工船』の作家、小林多喜二なんて捕まって数時間でショック死してしまったほどの凄まじい拷問です。

手を縛って天井からつるし上げ、太ももを木刀でガンガン叩きのめしたり、柔道の締め技をかけて何度も仮死状態にさせたりし、その都度蘇生させるというようなひどい拷問です。

宮本さんはこれに耐え抜いたんですが、**拷問の後遺症で両腕は肩までしか上がらなくなっていましたし、足の筋肉細胞が壊されてしまって、戦後もずっとリハビリが欠かせなかった**そうです。これらは、宮本さんの秘書や側近だった人から直接、聞いた話です。

これほどの過酷な体験をした、まさに共産党史の生き証人の口から出る言葉は特別の重みがあるように感じられましたね。

だから「あんなこと、自分は耐えられないなあ。でも信念を守るために頑張った宮本さんはスゴイ」なんて、たいていの党員はこうしたエピソードに感じ入っていたわけです。

※7 **特高警察**
特別高等警察の略称。戦前期、治安維持法に基づき共産党や労働組合、一部の宗教団体などを、天皇中心の国体を脅かす存在として取り締まる警察の特別部門です。

猜疑心や人間不信は強い。不破・上田兄弟への仕打ち

でも、こうした凄まじい体験は、宮本さんの心中に負の遺産を残していたんじゃないでしょうか。私は、数度しか傍《そば》に近寄ったことがなく（一種の臨時ボディガードをやったんです）、会話なんか交わしたことはありませんが、目つきが異様に鋭く、猜《さい》疑心《ぎしん》がつよそうでした。極度の人間不信というか……。

実際、宮本さんと数十年にわたって一緒に活動してきた老党幹部（今は故人です）から詳しく聞きましたが、宮本さんは常に**身近な党員でも「いつか裏切るんじゃないか」という目で見ていて、**少しでも自分と違う意見を述べたり、まして批判めいたことを述べたりしたら近くから遠ざけたり、ひどい時は左遷・更迭したそうです。

それは不破哲三さんに対する態度にも如実で、しょっちゅう頭から批判を加え、70年代はじめには**不破さんと兄の上田耕一郎さんが十数年前に書いた著作の〝誤り〟を自己批判させ、**それを党の理論政治誌である『前衛』に発表させるような異常な措置をとりました。

共産党の謎 22

北朝鮮の拉致問題や北方領土問題について、共産党はどういう態度をとっているのですか？

熱心に取り組んできたと実績を自慢していますが、実態はかなり異なります。

最近ある会合で拉致被害者の横田めぐみさんのご両親である横田滋・早紀江夫妻と同席する機会がありました。私は、お二人の姿を見て国会秘書時代の痛切な思いがよみがえり、声をかけて謝罪する気持ちをおさえることが出来ませんでした。

「私も**兵本達吉さん**※1と同じ時期、共産党国会議員団の秘書だったのですが、党の方針上、こんな痛ましい事件の解決に質問等で取り組むことが出来ませんでした。本当に申し訳なく思っています」

こんなことを、お二人に述べさせていた

※1 **兵本達吉さん**
1938年生まれ。日本共産党の元国会議員秘書。88年の橋本敦参院議員による拉致事件についての質問作成に関与し、拉致事件の真相究明に大きな功績を残しましたが98年、党の方針に反したとして除名処分されてしまいました。

だいたと思います。

　私の国会秘書生活の最後の3年間であった2000年から2003年頃にかけて、日本共産党は「共産党こそ、北朝鮮による日本人拉致問題を真っ先に取り上げ、事実を政府に認めさせた」と、その先見性を宣伝していました。

　これは共産党の橋本敦参院議員が88年3月、予算委員会で78年夏に起きた日本人行方不明事件について質問し、梶山静六国家公安委員長に「北朝鮮による拉致の疑いが十分濃厚」と答弁させたことを指します。

　同時に拉致問題解決の道筋は不破哲三さんが1999年の1月と11月の衆院本会議で行った代表質問で「（拉致問題の解決に向け）北朝鮮との正式の対話と交渉のルートを確立する努力を」と、前提なしに無条件に交渉ルートを開くよう提案したことにより開かれたとも盛んに宣伝していました。

拉致について質問することを国会議員に禁じていた

　しかし実態はかなり違います。なぜなら、当時、北朝鮮の拉致問題について新たに質問することを、党議員団に指導部が禁じていたのです。理由は**「不破さんの貴重な到達点を後退させることがあってはならないから」**との説明でした。これはほとんど知られていないことなのですが、参議院で外交防衛委員会の委員を務めていた故・**吉岡吉典さん**※2から直接聞いたことです。

吉岡さんはとても正義感と責任感の強い方で、委員会で拉致問題を取り上げようと党の外交部会で図ったところ、質問を禁じられてしまい大変に残念がっていました。

この話を聞いた私も憤りました。だいたい、国家間のモメごとを実力手段で即解決するわけにはいかないから、話し合いや交渉をするのは当たり前です。たしかに当時、**日朝交渉が行き詰まっていて**※3、交渉ルートが絶たれていたのですが、それに対して「**無条件に交渉ルートをひらけ**」なんて、**誰でも言えること**です。どこが「貴重な到達」なんでしょうか？

要するに自分よりも手柄を立ててほしくない、という不破さんの気持ちが見え見えでした。その後、２００４年になって、北朝鮮の立場を日本で代表する組織である**朝鮮総連**※4との関係を理由も明らかにせず、とつぜん回復したのも驚きでした。いや、驚くというより不破さんたちの無責任さに呆れました。

だって朝鮮総連とは、80年代に北朝鮮による**ラングーンでの爆弾テロ事件**※5を日本共産党が批判して以来、関係が断絶していたのですから。

※2 **吉岡吉典さん**
1928年生まれ。09年死去。『赤旗』編集局長を経て、86年から04年まで参議院議員を3期務めています。

※3 **日朝交渉が行き詰まっていて**
99年前後は能登沖で不審船事件が起きたり北朝鮮の核・ミサイル開発問題などで交渉は滞っていました。2002年9月の小泉首相による北朝鮮の首都・平壌電撃訪問で日本人拉致を認めさせるまで、目立った進展はありませんでした。

過去を水に流して総連とはサラッと関係改善

これまで繰り返し書きましたように日本共産党は頑固な性格ですから、ソ連共産党や中国共産党と激しい論争をして60年代半ば以降に関係断絶してから、関係回復については基本的に相手側が「日本共産党に干渉した事実を認める」など誤りを明らかにして謝罪しない限り、話し合っても安易に行いませんでした。ソ連・中国それぞれの党とは、何と十数年から30年近くたってから関係回復したんですから。

それなのに、朝鮮総連とはサラっと〝過去を水に流して〟関係改善してしまう。

不破さんは朝鮮総連の祝賀宴会に出かけて「**拉致問題は北朝鮮の一部の特殊機関がやったもの」という荒唐無稽な持論**を前提に、解決に向けた非現実的な提案を行うといった具合です。

不破さんが朝鮮総連結成50周年記念レセプション(2005年5月24日)で述べた「六項目の提言」は次の通りです。(日本共産党中央委員会ホームページより)

一、日朝平壌宣言を堅持し、その生きた力を発揮させる。

二、拉致問題――国際的な犯罪を認めた最初の決断は、ひきつづく諸問題に誠実に対

※4 **朝鮮総連**
正式名称は「在日本朝鮮人総連合会」。国交のない北朝鮮との窓口となり、北朝鮮籍の在日の人を擁護する組織です。一方で北朝鮮政府の指示により合法非合法の様々な活動をしているといわれています。

※5 **ラングーンでの爆弾テロ事件**
83年にビルマ(現在のミャンマー)のラングーンで韓国の大統領暗殺を狙った北朝鮮工作員による爆弾テロが起きました。

応してこそ、日朝の友好と信頼の道につながる。

三、拉致協議前進のカギは「特殊機関」問題の解決にある。

四、交渉打ち切りや「力の政策」など、平壌宣言にそむく態度をいましめあう。

五、「非核化」の六カ国合意こそ安全保障の最善の道。

六、私たちは、現状の打開に力をつくす用意がある。

国益よりも〝党益〟や幹部の名誉欲を優先？

この不可解な不破さんの一連の行動は、朝鮮労働党と関係回復して自分が**拉致問題の交渉プレイヤーとして歴史に名を残したかった**ことが動機でしょう（これは不破さんに近い側近だった人に聞いた話です）。

不破さんから以降、日本共産党はよく「野党外交」という言葉を使って宣伝しています。志位委員長もパキスタンなどに出かけては、〝外交活動〟を展開しています。政党が外国政府や海外のいろんな人士や団体と交流するのは、いいことです。

しかし、国益や国民の安全、主権に関わることを党の目先の利益や幹部たちの名誉欲のために扱うのは、慎むべきではないでしょうか？　外交とは国民全体を代表した政府が主体で行うべきものです。

もちろん、それを側面から援護するのは大いにけっこうなのですが、限られた情報しか持ち合わせない野党の党首が政府に「無条件に○○をやれ」なんて要求し、それを宣伝するのは無責任に思えてなりません。

自分も二島先行返還論者だったのに鈴木宗男を非難

これは北方領土問題も同じです。実はこの北方領土問題も、日本共産党も深くかかわった「ムネオ疑惑」で頓挫《とんざ》したままなんです。

90年代後半から2000年頃、外務省は当時、自民党で大きな力を持ちロシアにも影響力を持っていた鈴木宗男衆議院議員を先頭に立てながら、領土返還と日ロ平和条約締結を時の内閣の主要課題にまで位置づけていました。

そうした折、**田中真紀子外相**※6と鈴木宗男さんとの確執（これも外務官僚の一部によって画策されたものでした）を契機に爆発していった疑惑——北方領土やアフリカを舞台に、「鈴木宗男と**子分の外務官僚**※7が利権あさりをしている」——が、日ロ間の交渉すべてを吹き飛ばしてしまいました。

※6 **田中真紀子外相**
小泉政権誕生の立役者として、2001年4月の政権発足と同時に外相に就任。しかし外務省の官僚とのトラブルから02年1月、小泉首相は田中真紀子外相を更迭しました。

※7 **子分の外務官僚**
本書に特別寄稿されている佐藤優元外務省情報分析官を指しています。

鈴木さんたちが考えていたのは、北方四島のうちまず明確に北海道の一部である二島の返還を中間的な取り決めで実現し、残りの二島は交渉を継続するといったものでした。これを「二島先行返還論」といい、「四島返還の道を閉ざすものだ」との批判が加えられたのです。

この批判キャンペーンには、日本共産党も加わり、入手した外務省機密文書（偽物）を手に志位委員長は鈴木さんらが進める「二島先行返還」を糾弾したのです。

でも、後でわかったのですが、不破哲三さんは日本共産党出版局が98年に刊行した『日本共産党と領土問題』という本の中で「二島先行返還」を「現実的な筋道」として主張していたのです。ネガティヴキャンペーンに狂奔するあまり、**鈴木さんが自分たちと同じ主張をしていたのに気がつかなかった**のですね（笑）。

この後は、志位さんが会見で発表した外務省機密文書（鈴木宗男さんと外務官僚、そしてロシアのロシュコフ外務次官が話し合った内容を議事録にしたもの）が、まったくの**偽物であったことが朝日新聞報道で暴露**され、日本共産党は大恥をかくことになりました。

もちろん、反省せず沈黙しただけですが（笑）。

注8 **サンフランシスコ講和条約**
1951年に締結された第二次大戦の戦勝国と敗れた日本が結んだ平和条約。この条約により日本は占領から解放された。

実は共産党の領土返還論を参考にしていた

佐藤優さんにこの辺の経緯を聞いたことがあるんです。佐藤さんはだいたい、こんなことを言われました。

「われわれはロシアと領土交渉するにあたって、どういう論理の組み立てがよいか検討したのです。そのとき、なかなか筋が通っていて相手に有効と思われる論立てをしていたのが、ソ連時代から日本共産党が主張していた領土返還論なんです。その論理を採り入れたのですよ」

実は日本共産党は、**サンフランシスコ講和条約**※8の**第二条c項**※9を廃棄通告して、日本固有の領土だった**千島列島全体を返還せよ**※10とも主張していました。その前に北方四島についても現実的な取り扱いだとして、先の「二島先行返還」のようなことを提案していたんです。

それなのに目先の党益、つまり鈴木問題で自民党に打撃を与え共産党に対する国民のイメージをアップしようという動機を優先して、領土返還の進展を台無しにしてしまったのが、日本共産党なんですね。

※9 **第二条c項**
第二条c項では千島列島と南樺太の領土権の放棄を定めています。この項で示された「千島列島」に北方四島は含まれていないのですが、終戦直後にソ連が不法占拠して現在にいたります。

※10 **千島諸島全体を返還せよ**
日本共産党はサンフランシスコ講和条約を批判していて、政府や自民党、多くの野党が主張する四島の領有権だけでなく千島諸島全体が日本の領土なのだという立場です。つまり北方領土問題では「**最右翼**」といえます。

共産党の謎 23

高度経済成長期に生まれた団地では共産活動が盛んだったと聞きましたが、ホントですか?

かつて東京に革新の風が吹いたのは、郊外の団地に移り住んだ「団塊の世代」を取り込んだ成果です。

東京というところは**中央の都区部**※1を除けば、60年代までは畑の広がる田園地帯でした。特に東京の西部に広がる多摩地区は、江戸時代に作られた玉川上水や豊かな湧き水を利用した農地が広がり、今では考えられないような田舎の環境が広がっていたのです。

その中に、かつては立川や三鷹に航空産業の拠点が築かれ、そこに勤める人々や地元の農民、その他の中間層の人々が住む住宅が旧国鉄中央線や新宿、池袋方面から西進して埼玉に入る西武鉄道線の沿線に建て

※1 **中央の都区部**
昭和7年に当時の東京市が周辺区を合併して現在の23区に広がりました。その前の「旧東京市」のエリアに相当します。

られていきました。新興住宅地ではありましたけれど、そこに暮らす住民の意識はどちらかというと江戸時代に形成された社会環境の延長線上にあるもので、保守的なものでした。

　ところが、**高度経済成長**※2がは始まった50年代後半になると、勤労者世帯向けに中層の集合住宅形式である「団地」の開発が始まり、そこが同時に日本共産党の支持基盤となっていきました。

勤労者の住宅コミュニティに漂う革新的な空気

団地は都市郊外住民の暮らし方を一変させただけでなく、新しいタイプの住民を生みだしたといえるのかもしれません。

　たとえば団地に住む人の家族構成は、周辺に暮らす農家や中間層の一戸建て住民とは違い、勤労者の夫婦とその子どもだけの**核家族**※3が主流でした。そもそも三世代以上が同居できる広さは、**団地の狭い間取り**※4には確保されていなかったのです。

　そのため、年長者を家族の中心に据《す》えるような考え方ではなく、家族がお互いに役割分担して家庭生活を営み、地域の中でも旧来の〝世話役〟的な有力者を中心とした町会が主体ではなく、互選で役員を選ぶ団地自治会がコミュニティの規律をつくる

※2 **高度経済成長**
戦後、朝鮮戦争特需などもあり日本は順調に復興を遂げていきました。特に55年から73年までの18年間の経済成長はめざましく、日本を世界第2位の経済大国に押し上げました。東京五輪、大阪万博、新幹線開業はこの期間に起きた出来事です。

※3 **核家族**
給与所得者の夫とその妻、それに子どもだけの世帯を指す、当時の新語です。

※4 **団地の狭い間取り**
調理と食事を一緒にするダイニングキッチンは狭い住居面積を有効利用するために団地で生まれました。間取りを示す2DKなどの表記も団地が発祥です。

軸になりました。

こうした生活は住む人々の意識を自治意識の高い自立的な生活を追求する方向へと変えていきます。たとえば何かを決める際にも**新しい団地には前例がありませんから、**地域の慣習や地元有力者の意見に従う〝長いものに巻かれろ式〟の考えでまとまるのではなく、**合理的なルールを住民たちで討議して決めるように**なりました。

つまり新住民ばかりで構成された団地は、序列で決まるタテ社会ではなく、平等なヨコ社会だったのです。

この団地のコミュニティに漂う革新的な空気が、ちょうど新たな綱領(議会を中心に国政や地方政治を変え、多数者で革命を進めるとした大衆化路線)を採用した日本共産党の成長にうってつけの環境を生んだのです。

団地が出来て、共産党候補への得票が6倍に!

経済発展で東京に人が集中する中、集合住宅の建設は止まることなく続きます。特に都心のターミナルから西に延びる国鉄(現在のJR)中央線や私鉄沿線は田畑や雑木林が広がっていましたから、そこを建設用地として公団が買い取り、次々に団地が生まれていきました。滝山団地、ひばりヶ

69年の衆院選の投票。革新躍進の原動力となった都内のマンモス団地では、住民の長い行列が出来ていた。

丘団地、久留米西団地など現在の西東京市を中心に広がる団地がその代表格です。

そして**60年代後半**※5には、建売を中心とした勤労世帯向け一戸建て住宅の開発が東京都西部でさかんになり、これらも〝准団地〟というような地域を形成して新住民を呼び込みました。

こうした東京の西部で繰り広げられた住宅建設ラッシュのうねりの中で、日本共産党や革新勢力が地方、国政、どちらの選挙でも躍進する土壌が作られていったのです。

例えば、ひばりヶ丘団地が59年、東久留米団地が62〜63年、滝山団地が67〜70年に建設されましたが、この間の衆議院選挙で

※5 **60年代後半**
終戦直後のベビーラッシュで生まれた「団塊の世代」が結婚し、世帯を持ち始めたのが、ちょうどこの頃です。住宅難は深刻で、団地に住むことは憧れでした。

の日本共産党の得票率をみると、第28回選挙（58年）で3・4％だったものが、第32回選挙（69年）には21・3％と6倍にも躍進しているのです。ちなみに、現在の日本共産党の最高権力者で、千坪の敷地を持つ神奈川県津久井の大山荘に住む**不破哲三さん夫妻も、新婚の頃はひばりヶ丘団地に住んでいた**とのことです。

中央線沿線は「革新ベルト地帯」と呼ばれたほど

こうした団地では、共働き家庭が生活必需品を共同購入するために班編成で協力しあう生活協同組合が組織されたり、団地の福利施設として併設された集会所を活用してのサークル活動や勉強会が盛んに行われたりしました。こうした活動は**労働組合運動や政治活動の経験を積んだ共産党員たちがリードし、勢力を広げる舞台**となったのです。

団地をベースとした活動の効果は、70年代初頭にはピークに達し、共産党が与党に入った**革新都政**※6が生まれた他、国鉄の中央線沿線は「革新ベルト地帯」と呼ばれるほど、周辺の自治体では革新系の首長が当選していきました。たとえば共産党が与党になった革新自治体は、中野区、練馬区、世田谷区（共産党を含むオール与党で、革

※6 **革新都政**
67年から3期連続でマルクス経済学者の美濃部亮吉が都知事を務めています。71年の都知事選では史上最高の得票数で当選し、この記録は現在も破られていないほど、都民から圧倒的な人気を得ていました。

新自治体とは言いがたいかもしれません）、三鷹市、武蔵野市、小金井市、国分寺市、国立市、保谷市（現在は西東京市に含まれます）、日野市で成立しました。

　これは**中央線の新宿～日野までのほとんど、西武新宿線沿線の大きな部分を占め**ています。

市民運動の新しい受け皿ができて、共産党は後退……

　しかし、こうした革新優位の政治状況も80年代に入ってくると変わっていきました。革新寄りの方針を掲げながらも、**非共産党的な市民派の政治運動が勃興**し、共産党にとって代わっていったのです。

　当時は**中選挙区制**※7で衆議院議員は各選挙区で複数当選する仕組みでしたが、共産党議員は社会民主連合などの候補者に票を食われ、落選していきました。

　革新系新興勢力の典型的な例は、現在、民主党の**菅直人さん**※8です。

　菅さんは旧東京7区から共産党現職（工藤晃元衆議院議員）をひきずりおろして〝革新の代表〟になり、以後は安定的な支持を集めるようになり毎回当選するようになっていったのです。初当選をかちとった選挙（1980年）の時、菅さんは市民運動の力を集めるために、選挙運動資金集めの一

※7 **中選挙区制**
現在の小選挙区制と違い、中選挙区ではひとつの選挙区で3～5人が当選できます。少数意見を議席に反映しやすい制度で共産党は41議席（79年）を獲得したことがあります。

※8 **菅直人さん**
初当選当時の菅さんは、「社民連（社会民主連合）」の所属です。社民連は革新系の小さな政党でしたが、田英夫さんや江田五月さんといった優れた人材が参加していて、共産党や社会党に満足できなくなったリベラル層から大変な人気を集めていました。

環として自分の名前にちなんで「空き缶集め」を実施するなど、アイデアあふれる取り組みをしました。

　当時、共産党で活動していた私は、「なかなかやるなあ」と思ったものです。共産党はいいことを言うけど、当時から頭が固くて柔軟性がありませんでしたね、自分を含めて。

　このようにリベラル層の受け皿ができると、**ちょっとお堅い共産党よりも市民派へ**と、団地住民を含めた新興都市住民の支持は移っていきました。地方議会でも、生活クラブ生協（従来の生協よりも、無農薬野菜とか安全な食品にこだわった運動を展開しました）を基盤とした議員が次々に当選していき、共産党に集まっていた票が割れるような現象が広がっていったのです。

かつての革新の聖地は今や昔。保守系ばかりが…

　こうして、共産党勢力の後退とともに革新自治体も失われていき、ほとんどが保守系の首長に戻ってしまいました。でも共産党の支持基盤がまったく根絶したわけではなく、国立市などでは一時、生活クラブと共産党が与党の女性市長も生まれましたけどね。

　なお、長く市議会議員をつとめた共産党

員市長が96年の当選以来、いまだに続いているのが狛江市は、「革新ベルト地帯」の流れとは違う経過で生まれた革新自治体で、特異な例といえるでしょう。前の保守市長がアホすぎたのですよ、賭博で身上つぶして失踪し、なり手がいなくて共産党員市長が生まれたようなもんですから。ただ、市長の矢野裕さんは、「共産党員だからいい市長」というより、人柄が誰から見てもこの上なくよいということもあると思います。悪口、聞いたことないですよ。

上意下達型の組織である共産党は、末端での経験に学ぶということが希薄（まして、「成果主義」で現場の教訓や成果は水増ししたり粉飾して中央に上げられがち）なため、なんで狛江市の共産党市政がこんなに長く続いているのか、本当のところがわかってないのかもしれませんね。もっと、矢野さんから謙虚に学ぶべきです。

全国には他にも共産党員の町長なんかもいますし、私も国会勤務時代に訪れたことがありますが、選挙で当選すると町長の仕事は本人にまかせっきりで共産党は知らんぷりなんて現実も目撃しました。

いやはやです。これじゃ、「革新ベルト地帯」再現なんて、無理でしょうねえ。

共産党の謎 24

党員だったり共産シンパの芸能人や文化人はいますか?

たくさんいます。たとえば加藤剛さん、池田理代子さん、宮崎駿さんといった大物が日本共産党を応援していました。

たぶん1970年代からでしょう——総選挙など国政選挙が近くなると『赤旗』に「日本共産党の躍進に期待します」と題して、学者や文化人、作家、評論家、俳優や落語家、音楽家など各界の著名人の名前が、時には顔写真と共にズラっと掲載されてきました。

何のためにこんなことをやってきたのか。おそらく**宮本顕治さん**※1の発案だったように思うのですが、いろんなジャンルで活躍する人望ある人々に「共産党の躍進に期待する」と意思表明してもらうことにより、

※1 **宮本顕治さん**
戦前の共産党非合法時代から活動し、戦後は党内でカリスマ的な地位を確立した宮本さんについては、本書195ページからの記事を参照してください。

「共産党はコワイ」という偏見(まあ、大昔はコワイ時代もあったのですが)を抱いている人の誤解を解き、支持の拡大を期待したのでしょう。

『赤旗』に登場しても、皆がシンパというわけではない

共産党員にとっても、地域や職場で活動してもなかなか相手にしてもらえなくて〝孤軍奮闘〟状況を強いられる中、『赤旗』をひらくとテレビに出演している有名人を含めて様々な人が「期待している」というようなメッセージと共に名前を出しているのを見るとホッとするんですね。

『赤旗』の「日本共産党の躍進に期待します」という欄に名を出した著名人は、のべ数百人以上にのぼるでしょう。こういう人たちは、どのようにして支持表明をするのかというと、共産党の中央委員会の機構に「学術文化委員会」というところがあって、ここから様々な形で協力依頼をしていく中でお願いするんですね。

最近、中央委員会の機構がよく名前を変えるのですが、かつては「文化・知識人員会」と呼んでました。ここが『赤旗』の編集局と協力して、まずはインタビュー・コメント取材→党幹部や国会議員との対談設定→「躍進に期待します」への掲載依頼、とコ

マを進めていくのです。ふだんの付き合いも大事にします。たとえば音楽家なら、中央委員会で接触した人間がコンサートに出かけるとか、花を届けるとか、けっこうマメです。

しかし、俳優さんや歌手、学者だって様々な付き合いがあります。『赤旗』で「躍進に期待します」の紙面に載っていた著名人が、社民党や時には公明党、果ては自民党の国会議員候補の推薦をしていることがよく見られます。

だから〝共産党の応援団〟に名をつらねても、その人がゴリゴリの共産党員やシンパだというわけではないのです。

映画、演劇の世界に多い共産党人脈。大物も多数

もちろん〝日本共産党応援団〟に名を連ねる著名人の中には、もちろん共産党員もいます。私は、職務の上でどなたが党員かある程度詳しく知ることができましたが、自ら公然と共産党員であると表明している方以外は、故人も含めてここで共産党員であると明示することは避けようと思います。共産党員である、ということが仕事で不利益につながることがありますから。

膨大な数なので、思いつくままそんな方々を紹介しましょう。私が思いつくのは、

※2 **山本薩夫監督**
1910年生まれ。83年没。山本監督は他にも、女工の悲惨な労働をあつかった『あゝ野麦峠』や政治的な題材の『松川事件』、地方財閥を描いた『華麗なる一族』などあり、社会派の大作で知られています。

※3 **山本圭さん**
1966年のテレビドラマと『若者たち』（68年

まず映画、演劇のジャンルの方々です。

共産党員としての立場を公然化させていた映画人の代表格といえば、まず**山本薩夫監督**※2が思い浮かびます。『白い巨塔』や『戦争と人間』三部作を撮った昭和の名監督ですね。親族の俳優、山本學さんや**山本圭さん**※3は、山本監督の映画によく出演しますが、『赤旗』の「躍進に期待します」コーナーにもしばしば登場してくれていました。

さらに有名どころとしては、国民的映画『男はつらいよ』シリーズの**山田洋次監督**※4があげられるでしょう。

山田監督は、不破哲三さんや03年に共産党衆議院議員（比例九州ブロック選出）を引退された小沢和秋さんと東京大学の同窓で、交友関係がありました。そのため選挙では、小沢さんをいつも推薦していましたし、大船の松竹撮影所の見学会を共産党後援会が行う際、いつも顔を出して協力的な方でした。映画界では、他に『青い山脈』の**今井正監督**※5も共産党員である立場を明確にしていました。

前進座とは特別な結びつきがあった

俳優さんの常連としては、テレビの人気シリーズだった『大岡越前』や『江戸を斬

に同名で映画化）で学生運動に参加する三郎を演じて注目されました。今も愛唱される『若者たち』は、この作品の主題歌です。

※4 **山田洋次監督**
1931年生まれ。東大卒後に松竹へ入社。喜劇からシリアスな人間ドラマ、現代劇から時代劇まで幅広いジャンルでヒット作品を生み出してきた名監督です。

※5 **今井正監督**
1912年生まれ。91年没。被差別部落問題を扱った住井すゑ原作の『橋のない川』、戦争に人生を歪められた庶民の悲哀を描く『あゝ声なき友』など社会問題を告発する重厚なドラマを得意としました。

る』で有名な**加藤剛さん**、歌人としても活躍している**冨士真奈美さん**、名脇役の**矢野宣さん**が代表格でしょうか。

歌舞伎俳優では、**前進座**※6の**中村梅之助さん**※7ですね。テレビ時代劇の『遠山の金さん』が当たり役でした。そもそも前進座は共産党と関係が深く、公演でも共産党側がチケット普及に協力するなど、特別な結びつきをもっています。

歌手では、フォーク界の大御所である**上條恒彦さん**※8が挙げられるでしょう。クラシック界でもいらしたけど、誰だっけ……。あと、ちょっと外れますが、共産党が1～2年にいちど開く大型野外フェスティバル「赤旗まつり」には、**河島英五さん**※9や**真梨邑ケイさん**、フュージョンバンドの**カシオペア**なんかがよく出演していました。「赤旗まつり」に出る人でも、いわゆる**「うたごえ運動※10」**出身の歌手は、世間的には有名じゃないんで、申し訳ないけど名前をあげません……。作曲家なんかでは、自ら参議院議員（共産党じゃなくて、二院クラブに所属していました）にもなった**いずみたくさん**※11がいます。

共産党関与〝疑惑〟のある著名人と〝ヤメ共〟著名人

本当は、全部書き出すだけでもこの本の

※6 **前進座**
旧態依然とした歌舞伎界から飛び出した役者たちが1931年に創設した劇団です。吉祥寺に前進座劇場を構えています。

※7 **中村梅之助さん**
1930年生まれ。息子さんも人気役者の中村梅雀さんで、親子ともども大河ドラマなどで活躍しています。

※8 **上條恒彦さん**
1940年生まれ。小室等さんらとグループ「六文銭」を結成。『出発の歌』や中村敦夫主演『木枯し紋次郎』のテーマソング『だれかが風の中で』などのヒット曲があります。役者としても学校ドラマ『3年B組金八先生』などで活躍。

三分の一は必要でしょう。だから、この辺にしますが、最後にかつて共産党に関与した〝疑惑〟（というか、人によっては明確な経歴）のある著名人を紹介したいと思います。

　まず日本人なら子どもでも知っている、世界的なアニメ監督である**宮崎駿さん**があげられるでしょう。やはりアニメで一緒に仕事をされ、人気作品の『ルパン三世』シリーズを世に送り出した**大塚康生さん**や、今でもプロデュース面でコンビを組む**高畑勲さん**※12と練馬区大泉にあった東映動画で労組運動をされ、この3人が**「東映動画労組の三羽ガラス」**といわれた時があったそうです。

　今でも高畑さんは、時々「躍進に期待します」で名を連ねています。

　ちなみに、何十年か務めた練馬区の元区議会議員から聞いたのですが、東映動画時代、日本共産党を応援する活動で**宮崎さんが作成したイラスト入りの共産党政策ビラ**があったそうです。見てみたいものですね。

　あと、歌手の**太田裕美さん**。『木綿のハンカチーフ』でブレイクされ、現在も若々しく活躍されています。かつて、いずみたく門下にいた共産党系の音楽関係者（バック・シンガーやダンサーに多かったそうです）の影響で共産党指導下の**民青**（**日本民**

※9 **河島英五さん**
1952年生まれ。『酒と泪と男と女』『時代遅れ』で知られる歌手です。01年に急逝されました。

※10 **うたごえ運動**
合唱を通じて社会主義を広めようという運動で、60年代に大流行しました。各地の「歌声喫茶」に集った若者や勤労者が見知らぬ者同士、肩を組んで労働歌やロシア民謡、フォークソングを合唱する光景が見られました。

主青年同盟）※13に所属していたと言われています。これについては、ご本人は何も言及されていないのですが、共産党系の音楽関係者がよく話していました。
　それから、漫画家の**池田理代子さん**。フランス革命を舞台にした『ベルサイユのばら』で一世を風靡し、ロシア革命が背景の『オルフェウスの窓』なども世に出されました。現在はオペラ歌手の道にも挑戦し、外務官僚の方と結婚されていますが、かつて民青の機関紙『民青新聞』によく登場し、民青を「推薦します」とコメントされていました。ご自身も民青同盟員だったとの話も聞いたことがあります。

宮本顕治の逆鱗に触れ除籍された有田芳生さん

すでに党籍から離れた元共産党員ならば、明確にされている著名人が何人かいらっしゃいます。いわば〝ヤメ共〟著名人ですね。

　ヤメ共リストのトップに挙げたいのが、高齢にもかかわらず言論界そしてプロ野球界で大活躍されている**渡邉恒雄さん**。読売新聞グループの本社代表会長で**主筆**※14ですね。東京大学に在学中、共産党に所属していたと自ら語っています。

　『突破者』で有名な作家の**宮崎学さん**も、早稲田大学時代には日本共産党のゲバ部隊

※11 **いずみたくさん**
1930年生まれ。1992年没。『太陽がくれた季節』『見上げてごらん夜の星を』『世界は二人のために』『恋の季節』などヒット曲は数えきれないほど。

※12 **高畑勲さん**
1935年生まれ。『アルプスの少女ハイジ』など多数のアニメ作品を手がけました。監督作の『火垂るの墓』は毎年のように終戦記念日の前後に放映される名作です。

※13 **民青（日本民主青年同盟）**
民青については本書60ページの注記ほかをご参照下さい。

（これについても詳しく書きたいのですが、紙数がない！）の指揮官をしていました。

あと、外せないのが現在、新党日本で活躍されているジャーナリストの**有田芳生さん**※15。オウム真理教などカルト教団問題の追及では、右に出る人がいませんでしたね。日本テレビの人気番組「ザ・ワイド」（終了）の常連コメンテーターでもありました。

お父上が共産党の大幹部でご自身も党中央委員会勤務後、共産党直系出版社である新日本出版社に勤務されました。80年代に**小田実さん**※16と上田耕一郎党副委員長の対談企画を雑誌でやったことが宮本顕治党委員長（当時）の逆鱗にふれ、有田さんは査問されたあげく、党を除籍になったそうです。それくらい宮本さんは小田実さんが嫌いだったんですよ。でも小田さんなんて、晩年は『赤旗』にも登場して「憲法九条」だの「平和」だのについて語っているんですから、有田さんに対する措置は是正されるべきであるのに、共産党って本当に身勝手この上ないですね（笑）。

有田さんのように、トラブルで共産党を去った著名人はたくさんいます。

これが、共産党がどんなにいいことを語っても、心底からは共産党を信用したくないような雰囲気を世に作っている気がしてなりません。

※14 **主筆**
新聞社や出版社で記事の論調を統括し、社説や論説の総責任を担う首席の記者です。逆にいえば、主筆がそのメディアの論調を創り出しているといえます。

※15 **有田芳生さん**
1952年生まれ。お名前の「芳生（よしふ）」はヨシフ・スターリンにちなんで名付けられたといわれています。

※16 **小田実さん**
1932年生まれ。07年没。反戦団体の「べ平連」では中心的に活動した作家で、当時の若者に大きな影響を与えた左派文化人の代表的な人物です。

共産党の謎 25

共産党が強くなれば、日本の政治と経済は元気を取り戻すでしょうか?

問題だらけの党だけど――それでも強くなってほしい。生活に苦しむ人の本当の味方になってほしい。

ものごころついた頃から、みんなを幸せに出来るような仕事がしたいと思ってきました。それで学生運動のかたわら大学を出て、非常勤で公立小学校の先生になりましたが、85年に党地区委員長に説得され、専従職員の道を選びました。

義侠心が自分の中で強く、内なる声に従った感じですね。非常勤職よりもさらに低く不安定な**活動費**※1で生活し、もう再就職の望めない道。生活の安定よりも、人の助けになると思えた日本共産党の〝職業革命家〟を生涯の仕事に選んだのです。

※1 **活動費**
かつて共産党では専従に支払う給与をこう呼びました。

意外なことに、この選択を心から喜んでくれたのが、今は亡き母でした。1923年（大正12年）生まれの母は、太平洋戦争中に最初の結婚をし、その後三度結婚と離婚を繰り返して4人の子を持った苦労人です。私は最後の息子で他の兄姉とは戸籍が違い年齢も離れていて、事実上の母子家庭育ちでした。

困っている人は、何を置いても助けなきゃ

母も貧乏家庭の出ですが、戦前、働きながら夜間女学校で学んで自立した気の強い人でした。その中で、何かにつけ気を配ってくれた女学校の先生が、日中戦争がはじまったばかりの時（1937年）に述べた言葉が忘れられなかったそうです。

「先生は、こう言ったの。〝皆は中国人をチャンコロなんていうけど、若い君たちは歴史をよく見ていきなさい。中国には今、**周恩来**※2と**毛沢東**※3という偉大な指導者がいる。中国は必ず生まれ変わる〟」

母は戦後、中国革命の成功を見て、先生は共産党員だったのではと思い当たったといいます。「共産党の人は、頭がいい。歴史の中で良心を貫いている」と話していました。

鋼材会社を興した母は、高度成長期にあ

※2 **周恩来**
1889年生まれ。中国の革命家で政治家です。日中戦争、国共内戦を経て中華人民共和国の建国に尽力。以後も中国の首相としてアメリカ、日本との国交回復でも指導力を発揮しました。76年没。

※3 **毛沢東**
1893年生まれ。共産党軍を指揮し、ゲリラ戦術で日本軍と戦いました。49年に中華人民共和国の初代主席に就任。中国の独立に貢献した革命家であり政治家ですが、建国後は無理な政策や権力闘争で多大な犠牲者を出すなど独裁者の一面もありました。76年没。

る程度成功をおさめました。会社経営をしながら、女手ひとつで私を育てたのです。母は何事につけ、「自分優先じゃいけない」「困っている人は、何を置いても助けなきゃならない」と言って、私を躾《しつけ》ました。

　私が共産党に勤務すると告げたとき、苦労して大学まで出した息子であるのに、何も文句を差し挟みませんでした。そして菓子折りを持って、地区委員長を訪ね「ふつつかな息子を就職させていただきありがとうございます」と挨拶し、地区委員長を面食らわせました。

　しかし母の期待と義侠心は、党のより上級機関に職務が移っていくにしたがって裏切られていきました。母は89年に脳腫瘍で亡くなり、地区委員会時代の私しか見なかったのは、幸いでした。

筆坂さんとの出会いと、その後の党への失望

　その後、私は「職業革命家」のホンネとタテマエのずれに悩みました。自分が納得できない決定でも下級（こんな言い方、いやですね）の党組織に押し付けなくてはならない。まわりには、上へのゴマすりで保身を図ろうとする輩《やから》が多数で、うっかりしたことも言えない。

　もう専従をやめようかと葛藤している時

に、国会議員団への勤務を申し渡されました。任務は、新たに当選した筆坂秀世参議院議員の公設秘書。95年のことでした。

　筆坂さんは何度も国政選挙に落ちた苦労人で、それでいて明るく気配りの出来るやさしい人でした。のみこみも早く、新人議員時代、森羅万象を扱う決算委員会に所属したのですが、私たち秘書のつくる質問と資料をたちどころに理解し的確に政府を追及しました。先輩秘書にも恵まれ、優れた議員と共に国民のため働けることに幸せを感じました。

　ところが、それは２００３年６月の筆坂参議院議員罷免事件で打ち切られました。複雑な事件ですが、一言で言うなら、有能な議員をやっかんだ最高指導部による粛清事件です。

　この事件で私はすっかり党に失望し、党除籍への道をたどることになります。

マルクス主義を捨てろ、なんていいません

党除籍とは、「職業革命家」には生活の糧などもすべてを失うに等しいことです。苦労しました。しかし、得るものもありました。

　そのひとつに佐藤優さんとの出会いもありました。かつて「ムネオ疑惑追及チーム」

で筆坂さんの指揮下にいた私は、佐藤さん逮捕への道筋を開く役の一部を果したのですが、**鈴木宗男さん**※4も同席された場での腹を割った話し合いには、目の前が急に開けた思いがしたものです。

その後、鈴木さん、佐藤さん、そして自民党や民主党の幹部や秘書の方々まで多数の方とのお付き合いが広がり、人のつながりのありがたさを、あらためて実感しているところです。

こうした経緯を経た私が、本書を書いた思いは、次の言葉に尽きます。

共産党には真に強くなってもらいたい。国民、特に不幸な運命で生活を苦労されているる方々の本当の味方になってほしい——。

佐藤さんは本書への寄稿で、共産党からの批判を活用して日本の資本主義を強くすべきという趣旨を書かれていました。まったく同感です。では、共産党が強くなるにはどうしたらいいのか。

マルクス主義を捨てろ、なんて言いません。いや、もっと徹底的に勉強し、少なくとも党員すべてが基本原理を理解して活動するようにすべきです。

党幹部はもっと〝階級的道徳性〟を高めて、自分の欲望よりも国民大多数の利益に貢献することを第一義にする生活信条を確立することです。

※4 **鈴木宗男さん**
1948年生まれ。衆議院議員。新党大地代表。83年に初当選。北海道を地盤に外交に強い議員として活躍しましたが、02年にいわゆる「ムネオ疑惑」で失脚。この事件については本書202ページからの記事を参照下さい。

人の心の質が高くなければ何事も改善されない

なあんだ、と思われる方もあるようでしょうけど、佐藤さんが話してくれたことで目を開かされたことがあるんです。

「どんなに仕組みを変えていったとしても、人間の心情そのものが質の高いものにならなければ、何事も改善されない」という趣旨のことでした。モスクワの日本大使館に勤め、ソ連の社会主義社会とその崩壊過程をつぶさに目撃してきた佐藤さんだけに、重みがありました。これは、日本共産党にもあてはまると思います。

共産党のかつての同志たちにも、一言。

人助けが出来るうちは、日本共産党は大丈夫です。献身的な党員や地方議員は全国にいっぱいいるではありませんか。最高幹部たちよりも、そうした草の根の党員たちこそが真の宝であり、希望です。

時には取り返しのつかないくらい、生活が困難になった人々をも真剣に助けていけるような党――これこそ共産党に求められる姿であり、日本の経済活性化と再生に貢献できる党なのだと確信します。

私は引き続き、日本共産党に対して辛《しん》らつな批判者となり、日本共産党を強くすることに貢献しようと思います。

あとがき対談

革命を起こすつもりがないんだったら、共産党なんて要らない！

筆坂秀世×篠原常一郎

写真＝有田ハンタ

世間ずれしてなくて、話がわからない人がいっぱい——篠原

篠原常一郎　本人の前で言うのもなんですが、筆坂さんって〝上から目線〟がなくて、目の前のことに一生懸命で、出世しようという欲を感じられない、共産党の幹部には珍しいタイプの人でした。僕が筆坂さんの秘書になる前に就いていたのが緒方靖夫さん（現・党副委員長）で、筆坂さんとおなじ95年に参議院で初当選したんです。だから本来ならば緒方さんの下で国会秘書になるはずだったんです。でも、ものを言い過ぎるところが嫌われて、緒方さんでなく筆坂さんの秘書になることに。で、「ああ、こういう人が共産党の幹部にもいるんだ」と。でも、一方で、危ないなあとも感じましたね。

筆坂秀世　当たったね（笑）。僕は酒も好きだし（笑）。

篠原　「飲みにいくぞー」って誘ってくれますしね。だって当時は外部飲酒禁止令があって無許可で党職員がお店で酒を飲んじゃいけなかったでしょ。なんでそんな変な禁止令があるかというと、党内の秘密を酔って漏らさないようにするためで、後に筆坂さんの事件が起きたときに、この外部飲酒禁止令が問題になったんですよね。

筆坂　僕の事件を公表する記者会見で「外部飲酒禁止令があるのに、筆坂は守っていなかった」と言っちゃったんだよ。それを聞いた党員や市民から「共産党にはなんて規則があるんだ」とクレームが相次いだ。それで不破さんが、なんで正直に言うんだと怒っちゃってね。

筆坂秀世

（ふでさか・ひでよ）1948年兵庫県生まれ。高校卒業後、三和（現東京三菱UFJ）銀行に入行。18歳で日本共産党に入党。25歳で退職し、党国会議員団の公設秘書に。その後、衆議院議員候補をつとめ、95年、01年に参議院議員に当選。党政策委員長もつとめ、国会でも屈指の論客として予算委員会質疑やテレビ討論会で活躍。03年に議員辞職し、05年に離党。その後、ベストセラーとなった『日本共産党』（新潮新書）を著し、『悩める日本共産党員のための人生相談』（新潮社）など活発に著述、講演活動を展開中。近著に『論戦力』（祥伝社新書）がある。共著も多数。

篠原　翌日、訂正の記者会見を志位さんが開くはめになりましたけど、外部飲酒禁止令なる規則はありませんと志位さんが言うのを聞いて「なに、ウソを言ってんだ」と腹が立ったなあ。飲みに行きたいときの申請書類まであって、実際に住専問題を終えたあとの打ち上げ会を開くので、ハンコを貰いにいきましたから。

筆坂　でも委員長が公の場で「ない」って言っちゃったんだから、本当に禁止令が無くなったんだよ。「お酒が自由に飲

篠原常一郎

（しのはら・じょういちろう）1960年東京都生まれ。18歳で日本共産党に入党。立教大学卒業後、短期間公立学校非常勤講師をつとめ、その後党専従に。党生活相談所長や国会議員候補者秘書をつとめた後、95年、筆坂参議院議員の公設秘書を皮切りに03年まで国会秘書として活動。この間、党「ムネオ問題追及チーム」などに加わり、筆坂氏の下で働く。その後、党中央委員会に勤務した後、突如査問を受け04年に党除籍。以降はジャーナリストとして活動し、ビジネス記事や中国などアジア諸国を取材してのルポ記事を執筆。現在、まぐまぐサイト提供のメルマガ「情報戦上の楽園」で情報発信中。09年9月より民主党衆議院議員の政策秘書を務めている。

めるのは、誰のおかげだ？　それは筆坂さんのお陰です」なんて笑い話ができたほど（笑）。

篠原　共産党って常識はずれの変な話が多いんですよね。世間ずれしてなくて、話がわからない人がいっぱいいますから。

筆坂　昔は中選挙区だったから、地べたをはいずり回って活動していた人が当選して、地方から中央に上がってきていた。でも今の共産党の議員は比例で選ばれた人ばかりでしょ。自分の力で当選した議員はひとりもいないんです。

篠原　党の力で当選してますから、有権者ではなく、党が議員を選ぶという逆立ちした現象ですね。

貧乏に耐え、世間の白い目に耐え、全てを捧げる覚悟がなければ ――筆坂

筆坂　不破（哲三）さんが「草の根と結びついていない国会議員ばかりになるのは、党にとって危険なことだ」と警告したことがあって、さすがよく見ているなと思ったねえ。昔は地元でコツコツと汗をかいている議員だったから、みんなプライドを持っていましたよ。でもそういう叩き上げの人はみんな引退してしまった。比例の候補は党が上位に選んでくれるかどうかで当落が決まるでしょ？　だから地力のある議員が育たないだけでなく、党の方針にきちっと従うだけのサラリーマン体質の議員ばかりにならざるをえない。それじゃあ、どうしても市民感覚から離れた党になりますよ。ドブ板選挙を馬鹿にする人がいますが、これこそ政治家の原点ですよ。

篠原　労働者派遣法の改正問題が国会にかかったとき、衆議院ではもう引退した小沢和秋さんが担当して、当時秘書だった僕も関わりましたよね。規制緩和で派遣法を改悪すれば、今のようなワーキングプアや派遣切りの問題が起きることはわかっていました。でも、党の上の方に話してもあまりピンときていなかったですし、全労連なんかはっきり言ってまったく無関心だった。傍聴に来たのはテンプスタッフって人材派遣会社の会社があるじゃないですか、そこの社員だけですよ。僕らの紹介で傍聴に入ったんですけれども、むしろテン

プスタッフの人のほうが野放図な規制緩和は混乱をもたらすことになりかねないって懸念を抱いていたくらいなのに、なぜ共産党は鈍いのかと。

筆坂　労働者階級は革命を起こすという歴史的使命を自覚していないから、それを自覚させるために彼らを組織して指導するのが共産党なんだと。偉そうにするというわけではないんだけど、共産党は労働者階級を指導するため、思想的に一段高い位置にいるという意識がある。このプライドがあるから、仕事では職場で一目置かれるほどがんばり、党の活動にも寝食を忘れて打ち込めるのだけど……。

篠原　僕はある地方でホームレスの支援に取り組んだことがあるんですけど、中央の幹部連中からは「なんでそんなことやってるんだ」って白眼視されましたよ。地方の共産党員や議員さんはホームレスに暖かい支援をしているという実態を持って帰ってきて、中央で語ってもぜんぜん響かなかった。

筆坂　だって政策委員長の僕にもはぜんぜん届いてなかったもの。本来の共産党員は自己犠牲の気持ちを強く持っているはずなのにねえ。かつては共産党に入るのは悲壮な決意が要ったんですよ。貧乏に耐え、世間の白い目に耐え、革命家として命さえも全てを捧げる覚悟がなければ務まらなかった。

篠原　党員になるというのは立身出世を諦めるということとイコールでしたよね。でも、そんな決意をした人間たちが、共産党の中で立身出世を競うという。困ったもんだと（笑）。

筆坂　ハハハ。たしかに皮肉。あの中にいると〝党官僚〟になっちゃうんですよ。長く党員でいるとね、党内で〝生き抜く術〟を覚えちゃうんですよね（笑）。

反乱をやっつける先鋒に立ったのが志位さんでした　――篠原

篠原　僕は中央委員会には行きたくなかったんですよ。そもそも共産党の東京都委員会が定員を減らすというので、リストラされて、どこかの支部に戻るはずだったのに、緒方靖夫さんが参院選に当選したから秘書の僕も中央委員会に入るこ

とになった。ずっと中央委員会の人間なんて信用できないと思っていましたから。例の外部飲酒令で自由に飲めなくなるなあとか。周囲も皆が中央に行くのはお止しよと言うしで、愚痴ってました。

筆坂　国会議員秘書になるとそこで活動家としてのキャリアは行き止まりだからね。秘書になったら、たいていは秘書のままか本部の事務職で活動歴を終えてしまう。

篠原　筆坂さんは異例でしたからね。

筆坂　そう、ほんとに異例中の異例。高卒で秘書あがりで国会議員になって、党内でナンバー4の位置の幹部になったなんて。だから、あなたのように現場に飛び込んで活動したい人には、酷な宣告だったでしょう。

篠原　国会もやってみれば楽しかったんですけどね。取り組みがいのある問題が転がっていましたから。

筆坂　95年に参議院選挙の比例代表で初当選したときのことです。今の比例代表は非拘束式ですけど、当時は拘束名簿式ですから政党で候補者の当選順位を決めていました。上位3

人は現職のベテラン議員が占めていて、4位には現在は衆議院議員の笠井亮くんが入って、5位が僕だった。でも当時の笠井君は役職無しで、僕は共産党の中央委員だったし歳も上だったから、どうなのかなと思っていたら、志位さんから「申し訳ないけれど筆坂さんは5位に入ってもらいます。笠井君は将来の幹部候補として育てていくので4位に入れます」って。なんだ、俺は育てる対象じゃないんだと苦笑したものです（笑）。共産党では東大卒の党員というのは大事にしますからね。だから宮本さん、不破さん、志位さんと歴代トップは皆んな東大卒です。

篠原　僕が一時期いた東京都委員会に志位さんもいたんですよね。筆坂さん、覚えてらっしゃいます？　東京大学の院生の党員が党大会で反乱起こしたことがありましたよね。

筆坂　あったあった。

篠原　たしか「共産党は組織を締め付けるタガがきつすぎて、個人の創意や個性を潰している」という、本書でもテーマにした真っ当な中央批判で、ビラを撒いたりしてたんですけど、それに対して『組織と人間』という論文を書いて、反論してやっつける先鋒に立ったのが志位さんでした。その志位さんの論文をミヤケン（宮本顕治）さんが読んですごく評価したことが、志位さんが大抜擢されたきっかけだったといいますね。まあ、志位さんの出世に関してはいろいろ伝説があって、上田耕一郎さんに引き上げられたんだという噂もあるんですが……。

筆坂　いや、それは違うよ。志位さんは一勤務員だったんだけど、ミヤケンさんに目をかけれらてから、一気に書記局長になってねえ。ミヤケンさんから志位さんについて、「彼はマルクスやレーニンの古典も良く読んでいて」と我々に説明があったのを覚えています。

共産党という名前は邪魔、党名変更の問題が出てくるでしょう　――筆坂

篠原　不破さんももうお年だし、完全引退もそう遠い話では

ないですが、頭の上の重しが取れたからといって、志位さんが不破さんほどの影響力を使えるかというと……。

筆坂 役職の上ではナンバーワンでも、志位さんが常任幹部会で「この方針でやる」と言ったからといって、皆が従うかというとそう話は単純ではないよね。宮本さんが生きていた間は、「実質トップは引退した今でも宮本で、不破は操り人形だ」と言う人がいたけど、実際は宮本さんが引退したその日から不破さんが名実ともに実権を握っていましたよ。不破哲三という人には信望があったのは事実で、会議では誰も太刀打ちできないほど歴史や古典に通じているから、「ははー、なるほど」とうなずかせてしまう。けれど、志位さんには不破さんのような力がない。もちろん志位さんだってかなり優秀な人ですよ。でも不破さんの影響力は抜きん出ている。立命館大卒の書記局長の市田(忠義)さんには党内の各セクションに京都の人脈があって、いわば手駒がいるんですけど、志位さんには誰も居ないんですね。

篠原 自分の秘書くらいですよね。

筆坂 こんどの総選挙で共産党は、全ての小選挙区に候補者を立てる方針を止めたでしょ。民主党に共産票を渡すことになりましたが、僕は、もう一度舵を切る時が来ると思っています。もし衆議院の定数削減が現実のものになると、比例区選出の議員数が削減されるでしょうから、小選挙区で勝てない共産党はますます厳しくなる。他の党と連立を組もうにも、共産党という名称がハードルになって共産党から閣僚を出すのはもちろん、閣外協力でもやっぱり相手の党から敬遠される。それくらい共産党という名前は邪魔をするから、党名変更の問題が出てくるでしょうね。

篠原 共産党という党名も、不破さんの発言を考えたら共産主義を目指している党だなんて言えないですからね。だって「21世紀の間に社会主義が問われる時代が来る」──なんて言ってるんですから。革命を起こすつもりがないんだったら、共産党なんて名前は要りませんよ。

筆坂 ほんと、そのとおり。僕もそう思うよ。もう共産党の党名を棄てたのも一緒です。

いますぐ読みたい

日本共産党の謎

2009年9月30日　初版第1刷発行

監　修■筆坂秀世

著　者■篠原常一郎

発行者■岩渕徹

発行所■株式会社徳間書店

〒105-8055 東京都港区芝大門2-2-1

電話　編集：03-5403-4379／販売：048-451-5960

振替　00140-0-44392

編集担当：竹本朝之

本文印刷■本郷印刷株式会社

カバー印刷■真生印刷株式会社

製　本■ナショナル製本協同組合

ISBN978-4-19-862768-3